한눈에 쏙 들어오는 한글 맞춤법

| 책머리에 |

쉽고 재밌게 우리말 실력을 키워요

사람들은 자신의 생각을 전달하기 위해 글이라는 도구를 빌어 서로의 뜻을 표현합니다. 학생들의 논술 시험이나 자기소개서, 대학생들의 리포트, 직장인들의 각종 보고서, 하다못해 연애편지를 쓸 때에도 우리는 글을 바르게 쓰기 위해 노력하지요.

글은 누군가가 읽는다는 사실을 전제로 하기 때문에 글을 쓸 때에는 읽는 사람이 쉽게 이해할 수 있도록 써야 합니다. 하지만 우리가 매일 손에 들고 다니는 휴대전화나 하루 종일 봐야 하는 컴퓨터에서 쓰는 짧은 단어, 어법에 맞지 않는 문장, 맞춤법을 파괴한 신종 유행어 등을 사용하다 보면 어떤 것이 맞는 말인지 헷갈릴 때가 많습니다. 그래서 그런지 글쓰기가 어렵다고 말하는 사람들도 늘고 있습니다.

우리에게는 한글을 쓰는 사람이나 읽는 사람이 읽고 이해하기 쉽도록 규칙을 정해 놓은 '한글 맞춤법'이 있습니다.
'한글 맞춤법'에서 가장 중요한 것은 '표준어 규정'과 '띄어쓰기'입니다. 주요 내용은 '표준어를 소리 나는 대로 적되 어법에 맞게 써야 하며, 낱말마다 띄어쓰기를 하되 독립적인 기능을 하지 못하는 조사나 어미는 그 앞말에 붙여 써야 한다는 것'이지요. 하지만 맞춤법 규정에는 예외 조항이 많아 바른 말, 좋은 글을 수없이 익혀도 기본 원리를 모르면 이해하기가 어렵습니다. 원리를 알아야 활용도 가능합니다.

요즘 말하기와 글쓰기 능력이 그 어느 때보다 중요시되고 있고, 입시나 입사 시험 등에서 우리말 실력이 차지하는 비중이 커졌습니다. 이제 우리말 실력이 학업 성취와 성공에 직결된다고 해도 과언이 아닙니다. 서점에 가보면 논술, 제안서, 보고서 등 다양한 종류의 글쓰기 기술을 알려주는 책들이 많이 나와 있습니다.

이 책은 맞춤법의 규칙을 체계적이면서도 알기 쉽게 설명한 풀이집입니다. 이 책의 설명대로 차근차근 글을 읽어 나가다 보면 어느새 규칙이 머릿속에 정리되어 바른 글쓰기를 할 수 있게 될 것입니다. 초 · 중학생 글쓰기, 수험생 논술, 대학생 리포트, 직장인 보고서까지 이 책이 여러분의 우리말 실력에 날개를 달아 줄 거예요.

| 차례 |

01

맞춤법

띄어쓰기

03

혼동하기 쉬운 말

04

외래어 표기법

05

문장 부호

부록

01

맞춤법

1 _ 맞춤법이란?

2 _ 우리말의 구조 (자음과 모음)

3 _ 소리에 관련된 맞춤법 규칙

4 _ 형태에 관한 맞춤법 규칙

국어의 9품사

체언

문장에서 주어 따위의 기능을 하는 명사, 대명사, 수사를 통틀어 이르는 말.

명사 | 사물의 이름을 나타내는 품사. 특정한 사람이나 물건에 쓰이는 이름이냐 일반적인 사물에 두루 쓰이는 이름이냐에 따라 고유 명사와 보통 명사로, 자립적으로 쓰이느냐 그 앞에 반드시 꾸미는 말이 있어야 하느냐에 따라 자립 명사와 의존 명사로 나뉜다.

대명사 | 사람이나 사물의 이름을 대신 나타내는 말. 또는 그런 말들을 지칭하는 품사. 인칭 대명사와 지시 대명사로 나뉘는데, 인칭 대명사는 '저', '너', '우리', '너희', '자네', '누구' 따위이고, 지시 대명사는 '거기', '무엇', '그것', '이것', '저기' 따위이다.

수사 | 사물의 수량이나 순서를 나타내는 품사. 양수사와 서수사가 있다.

용언

문장에서 서술어의 기능을 하는 동사, 형용사를 통틀어 이르는 말.
문장 안에서의 쓰임에 따라 본용언과 보조 용언으로 나눈다.

동사 | 사물의 동작이나 작용을 나타내는 품사. 형용사, 서술격 조사와 함께 활용을 하며, 그 뜻과 쓰임에 따라 본동사와 보조 동사, 성질에 따라 자동사와 타동사, 어미의 변화 여부에 따라 규칙 동사와 불규칙 동사로 나뉜다.

형용사 | 사물의 성질이나 상태를 나타내는 품사. 활용할 수 있어 동사와 함께 용언에 속한다.

단어의 기능, 의미, 형태에 따라 나눈 것을 품사라고 한다. 국어는 9가지 품사로 나뉘는데 명사, 대명사, 수사, 조사, 동사, 형용사, 관형사, 부사, 감탄사와 같이 공통된 성질을 지닌 낱말끼리 모아 놓은 낱말의 갈래를 말한다.

관계언

문장에 쓰인 단어들의 관계를 나타내는 기능을 하는 조사를 이르는 말.

조사 | 체언이나 부사, 어미 따위에 붙어 그 말과 다른 말과의 문법적 관계를 표시하거나 그 말의 뜻을 도와주는 품사. 크게 격 조사, 접속 조사, 보조사로 나뉜다.

수식언

뒤에 오는 말을 수식하거나 한정하기 위하여 첨가하는 관형사와 부사를 통틀어 이르는 말. 활용은 하지 않는다.

관형사 | 체언 앞에 놓여서, 그 체언의 내용을 자세히 꾸며 주는 품사. 조사도 붙지 않고 어미 활용도 하지 않는데, '순 살코기'의 '순'과 같은 성상 관형사, '저 어린이'의 '저'와 같은 지시 관형사, '한 사람'의 '한'과 같은 수 관형사 따위가 있다.

부사 | 용언 또는 다른 말 앞에 놓여 그 뜻을 분명하게 하는 품사. 활용하지 못하며 성분 부사와 문장 부사로 나뉜다. '매우', '가장', '과연', '그리고' 따위가 있다.

독립언

독립적으로 쓰이는 감탄사를 이르는 말.

감탄사 | 말하는 이의 본능적인 놀람이나 느낌, 부름, 응답 따위를 나타내는 말의 부류이다.

1 맞춤법이란

글은 자신의 생각을 다른 사람에게 전달하는 수단이다. 따라서 상대방이 이해하지 못하면 아무 소용이 없다. 글은 읽는 사람이 쉽게 이해할 수 있어야 한다. 그래서 글을 쓰는 사람이나 읽는 사람이 이해하기 쉽도록 한글을 적는 규칙을 정해 놓고 그 규칙대로 적기로 약속한 것이 '한글 맞춤법'이다.

한글 맞춤법에는 몇 가지 큰 원칙이 있다. 그것은 '표준어를 소리 나는 대로 적되 어법에 맞도록 함을 원칙으로 한다.'는 것이고, 또 하나는 '문장의 각 단어를 띄어 씀을 원칙으로 한다.'는 것이다.

여기에 덧붙여 '외래어는 외래어 표기법에 따라 적는다.'는 원칙이 있다. 이것을 한글 맞춤법의 총칙이라 하여 우리말 쓰기의 가장 기본적인 원칙으로 여긴다. 여기서 표준어라는 것은 '교양 있는 사람들이 두루 쓰는 현대 서울 말'을 일컫는다.

01 맞춤법의 기본 원칙

한글 맞춤법은 표준어를 소리 나는 대로 적되, 어법에 맞도록 함을 원칙으로 한다.

한글 맞춤법은 표준어를 소리 나는 대로 적는 것을 기본 원칙으로 한다. 예를 들면 '구름', '나무', '하늘', '놀다', '달리다'는 표준어를 소리 나는 대로 적은 것이다.

그런데 표준어를 소리 나는 대로 적다 보면 쓰기는 쉽지만 그 뜻을 이해하기가 어렵거나 표기의 통일이 어려운 경우가 있다.

예를 들어 '꽃이'를 '꼬치'로 적었을 경우 '꼬치구이'의 '꼬치'와 구별이 안 되고, '팔이'를 '파리'로 적을 경우 곤충인 '파리'와 구별이 안 된다. 그런 이유로 '꽃이'는 [꼬치]로 소리 나더라도 어법에 따라 '꽃이'로 적도록 한 것이다. 그래서 소리 나는 대로 적되, ' 말을 적는 규칙'을 정해 놓고, 그 규칙대로 적도록 하고 있다.

문장의 각 단어는 띄어 씀을 원칙으로 한다.

단어는 독립된 말의 단위이기 때문에, 글은 단어를 단위로 하여 띄어 쓰는 것이 가장 바람직하다고 할 수 있다. 바른 띄어쓰기를 하면 그 의미를 쉽게 파악하고 글을 읽을 때도 이해하기가 쉽다.

예를 들어 '우리는그때같이놀았다.'라는 문장이 있다고 하자.

① 우리는 그때 같이 놀았다.

② 우리는 그때같이 놀았다.

위에서 ①의 '같이'는 '함께' 또는 '더불어' 놀았다는 뜻이고, ②의 '같이'는 '그때처럼' 또는 '그때와 같이' 놀았다는 뜻이 된다. 이와 같이 똑같은 글자로 된 문장이더라도 띄어쓰기에 따라 문장 전체의 의미가 전혀 달라지므로 글을 쓸 때 그 뜻을 정확히 나타내려면 띄어쓰기를 규칙에 맞게 해야 한다.

특히 ②의 '같이'와 같은 조사는 한 단어이면서도 독립된 것이 아니고 문법상의 기능만 하므로, 따로 떼어 쓰지 않고 앞에 오는 말에 붙여 쓰도록 하고 있다.

외래어는 '외래어 표기법'에 따라 적는다.

외래어를 표기하는 데 있어서도 표기 법칙이 있다. 외래어의 표기에서는 '버스'나 '뻐스', '케이크'나 '케익'처럼 쓰는 사람에 따라 다른 표기가 나올 수 있으므로 그 혼란을 없애기 위해 '외래어 표기법'을 정해 놓고 그 규정에 따르도록 한 것이다.

2 우리말의 구조 (자음과 모음)

한글 자음과 모음의 수는 24자로 하고, 그 순서와 이름은 다음과 같이 정한다.

자음 (닿소리)		
ㄱ (기역)	ㄴ (니은)	ㄷ (디귿)
ㄹ (리을)	ㅁ (미음)	ㅂ (비읍)
ㅅ (시옷)	ㅇ (이응)	ㅈ (지읒)
ㅊ (치읓)	ㅋ (키읔)	ㅌ (티읕)
ㅍ (피읖)	ㅎ (히읗)	

모음 (홀소리)	
ㅏ (아)	ㅑ (야)
ㅓ (어)	ㅕ (여)
ㅗ (오)	ㅛ (요)
ㅜ (우)	ㅠ (유)
ㅡ (으)	ㅣ (이)

위의 예에서 보면 '떡'의 뒤에 어떤 조사가 오느냐에 따라 '떠기'도 될 수 있고 '떡도'도 될 수 있다. 그러므로 원래 말인 '떡'의 의미를 제대로 이해하기 위해서는 체언과 조사를 구분해서 적어야 한다.

ㄲ (쌍기역)	ㄸ (쌍디귿)	ㅃ (쌍비읍)	ㅆ (쌍시옷)	ㅉ (쌍지읒)	
ㅐ (애)	ㅒ (얘)	ㅔ (에)	ㅖ (예)	ㅘ (와)	ㅙ (왜)
ㅚ (외)	ㅝ (워)	ㅞ (웨)	ㅟ (위)	ㅢ (의)	

사전에 올릴 때의 자모 순서는 다음과 같이 정한다.

자음			
ㄱ	ㄲ	ㄴ	ㄷ
ㄸ	ㄹ	ㅁ	ㅂ
ㅃ	ㅅ	ㅆ	ㅇ
ㅈ	ㅉ	ㅊ	ㅋ
ㅌ	ㅍ	ㅎ	

모음				
ㅏ	ㅐ	ㅑ	ㅒ	ㅓ
ㅔ	ㅕ	ㅖ	ㅗ	ㅘ
ㅙ	ㅚ	ㅛ	ㅜ	ㅝ
ㅞ	ㅟ	ㅠ	ㅡ	ㅢ
ㅣ				

사전에 올릴 적의 차례를 정한 이유는, 글자(특히 겹글자)의 차례가 일정하지 않기 때문에 사전 편찬자가 임의로 배열하는 데에 따른 혼란을 막기 위한 것이다. 받침 글자의 차례가 다루어지지 않았으나, 그 순서는 다음과 같다.

ㄱ	ㄲ	ㄳ	ㄴ	ㄵ	ㄶ	ㄷ
ㄹ	ㄺ	ㄻ	ㄼ	ㄽ	ㄾ	ㄿ
ㅀ	ㅁ	ㅂ	ㅄ	ㅅ	ㅆ	ㅇ
ㅈ	ㅊ	ㅋ	ㅌ	ㅍ	ㅎ	

3 소리에 관련된 맞춤법 규칙

01 된소리로 적는 말

한 단어 안에서 뚜렷한 까닭 없이 나는 된소리(ㄲ, ㄸ, ㅃ, ㅆ, ㅉ)는 다음 음절의 첫소리를 된소리로 적는다.

두 모음 사이에서 나는 된소리

가끔	거꾸로	기쁘다
깨끗하다	소쩍새	아끼다
어깨	어떠하다	어찌
오빠	으뜸	이따금
해쓱하다		

'ㄴ, ㄹ, ㅁ, ㅇ' 받침 뒤에서 나는 된소리

몽땅	잔뜩
살짝	담뿍
움찔	훨씬
산뜻하다	엉뚱하다

단, 'ㄱ', 'ㅂ' 받침 뒤에서 나는 된소리는 같은 음절이나 비슷한 음절이 겹쳐 나는 경우가 아니면 된소리로 적지 않는다. 'ㄱ', 'ㅂ' 받침 뒤에 오는 대부분의 자음은 앞 음절의 받침 'ㄱ', 'ㅂ'이 분명히 발음되고 그 때문에 뒤 음절의 첫소리가 저절로 된소리로 발음되므로 일부러 'ㅆ, ㄸ, ㅉ' 등의 된소리로 적지 않아도 된다.

국쑤(×)	국수(○)
색씨(×)	색시(○)
법썩(×)	법석(○)
싹뚝(~싹뚝)(×)	싹둑(~싹둑)(○)

몹씨(×)	몹시(○)
깍뚜기(×)	깍두기(○)
갑짜기(×)	갑자기(○)
꼭두각씨(×)	꼭두각시(○)

02 구개음화 되는 말

'ㄷ', 'ㅌ' 받침 뒤에 '-이(-)'나 '-히-'가 결합될 때는 'ㄷ', 'ㅌ'이 'ㅈ', 'ㅊ'으로 소리 나더라도 'ㄷ', 'ㅌ'으로 적는다.

구개음화는 'ㅣ'라는 모음 앞에서 'ㄷ'과 'ㅌ'이 구개음인 'ㅈ'과 'ㅊ'으로 발음되는 현상이다. 구개음화가 일어나는 까닭은 소리를 좀 더 쉽게 내기 위해서이다. 예를 들어 '굳이'의 'ㄷ'이 'ㅣ'의 영향을 받아서 '구지'라고 소리 나더라도 '굳이'로 적는다. 또한 '붙이다'의 'ㅌ'이 'ㅣ'의 영향을 받아서 '부치다'라고 소리 나더라도 '붙이다'로 적는다.

표기법	발음
맏이	[마지]
밭이	[바치]
굳이	[구지]
끝이	[끄치]
같이	[가치]

표기법	발음
해돋이	[해도지]
낱낱이	[난나치]
땅받이	[땅바지]
미닫이	[미다지]
붙이다	[부치다]

표기법	발음
걷히다	[거치다]
굳히다	[구치다]
닫히다	[다치다]
묻히다	[무치다]
곧이듣다	[고지듣따]

03 'ㄷ' 소리 받침 중 'ㅅ'으로 적는 말

'ㄷ' 소리로 나는 받침 중에서 'ㄷ'으로 적을 이유가 없는 것은 'ㅅ'으로 적는다.

'ㄷ'으로 적을 이유가 없는 것이란 문법적으로든 어원적으로든 어떤 근거가 없이 받침이 'ㄷ'으로 소리 나는 것을 말한다. 예를 들어 '믿다', '닫다'처럼 'ㄷ'으로 적을 어원상의 근거가 있는 것은 'ㄷ' 받침인 '믿다', '닫다'로 적고, '돗자리', '웃어른'처럼 'ㄷ'으로 적을 어원상의 근거가 없는 것은 'ㅅ' 받침인 '돗자리', '웃어른'으로 적는다.

돗자리	무릇	얼핏	웃어른
옛	첫	헛	자칫하면

04 모음에 관한 규칙

'계', '례', '몌', '폐', '혜'의 'ㅖ'는 'ㅔ'로 소리 나더라도 'ㅖ'로 적는다.

우리말의 특성상 '계', '례', '몌', '폐', '혜'는 발음하기가 매우 어려워서 '게, 레, 메, 페, 헤'로 발음되는 예가 있다. 그러나 '계', '례', '몌', '폐', '혜' 음으로 쓰는 이유는 읽을 때와 쓸 때가 차이가 난다 해도 발음대로만 쓰면 그 뜻을 이해하기가 어렵기 때문이다. 그러므로 이러한 단어는 소리 나는 대로 적지 않고 본래 음 그대로 쓴다.

표기법	발음
경례	경레
계시다	게시다
계집	게집

표기법	발음
사례	사레
차례	차레
통계	통게

표기법	발음
폐품	페품
핑계	핑게
혜택	헤택

다만, 다음 말들은 [계시판], [휴계실]로 발음되지만 본음대로 적기로 한다.

게시판(揭 들 게 示 보일 시 板 널빤지 판)   휴게실(休 쉴 휴 憩 쉴 게 室 집 실)

'의'나, 자음을 첫소리로 가지고 있는 음절의 '의'는 'ㅣ'로 소리 나는 경우가 있더라도 'ㅢ'로 적는다.

이들 단어는 다음과 같이 소리 나지만 소리 나는 대로 적지 않는다.

표기법	발음
의의(意 뜻 의 義 옳을 의)	의이
늴리리	닐리리
띄어쓰기	띠어쓰기
무늬	무니
씌어	씨어

표기법	발음
유희(遊 놀 유 戲 놀 희)	유히
틔어	티어
하늬바람	하니바람
희다	히다
희망	히망

05 두음 법칙에 관련된 말

두음 법칙이란 단어 첫머리에서 발음하기 어려운 자음을 발음하기 쉽게 고치는 규칙이다. 발음하기 쉽게 바꾸는 방법은 그 자음을 버리거나 그 자음을 다른 자음으로 바꾸는 것이다.

두음 'ㄴ'을 버리는 경우

한자음 '녀', '뇨', '뉴', '니'가 단어 첫머리에 올 때는 두음 법칙에 따라 'ㄴ'을 버리고 '여, 요, 유, 이'로 적는다.

여자(女 계집 녀 子 아들 자)(○)	녀자(×)
연말(年 해 년 末 끝 말)(○)	년말(×)
연세(年 해 년 歲 해 세)(○)	년세(×)
연시(年 해 년 始 처음 시)(○)	년시(×)

요강(尿 오줌 뇨 㼊 항아리 강)(○)	뇨강(×)
유대(紐 맺을 뉴 帶 띠 대)(○)	뉴대(×)
익명(匿 숨길 닉 名 이름 명)(○)	닉명(×)
익사(溺 빠질 닉 死 죽을 사)(○)	닉사(×)

단, 한자음 '녀', '뇨', '뉴', '니'가 단어의 첫머리가 아닌 위치에 올 때는 원래 음대로 적는다.

당뇨(糖 사탕 당 尿 오줌 뇨)	만년(萬 일만 만 年 해 년)	배뇨(排 물리칠 배 尿 오줌 뇨)
소녀(小 작을 소 女 계집 녀)	안녕(安 편안할 안 寧 편안할 녕)	은닉(隱 숨길 은 匿 숨길 닉)

접두사처럼 쓰이는 한자가 붙어서 된 말이나 합성어에서, 뒷말의 첫소리가 'ㄴ'소리로 나더라도 두음 법칙에 따라 적는다. 다시 말해 '신여성'가 '신녀성'로 소리 나더라도 '신'과 '여성'라는 두 단어가 합쳐진 말이므로 뒤의 단어 '여성'에 두음 법칙을 적용하여 '신여성'으로 적는다.

표기법	발음
공염불(空 빌 공 念 생각 념 佛 부처 불) : 공(접두사)+염불	공념불
신여성(新 새 신 女 여자 여 性 성품 성) : 신 +여성	신녀성

꼭 알아두세요

'연말연시(年末年始)'를 '연말년시'로 적는 사람들이 있는데, 이는 단어의 첫머리를 잘못 이해한 것이다. 이 단어는 '연말'과 '연시' 두 단어가 합쳐져 새 단어가 된 것이므로 '연시'에 두음 법칙을 적용하여 '연말연시'로 적어야 한다.

둘 이상의 단어로 이루어진 고유 명사를 붙여 쓰는 경우에도 두음 법칙에 따라 적는다.

역사학회	연말정산	한국여자대학

꼭 알아두세요

다만, 다음과 같은 의존 명사에서는 'ㄴ'이 첫머리에 오더라도 '냐', '녀' 음을 원래 음대로 적는다.

금 한 냥	몇 년	1900년대

두음 'ㄹ'을 버리는 경우

한자음 '랴', '려', '례', '료', '류', '리'가 단어의 첫머리에 올 때는 두음 법칙에 따라 두음 'ㄹ'을 버리고 '야', '여', '예', '요', '유', '이'로 적는다.

양심(良 어질량 心 마음심)(○)	량심(×)
역사(歷 지낼력 史 역사사)(○)	력사(×)
예의(禮 예도례 義 옳을의)(○)	례의(×)

용궁(龍 용룡 宮 집궁)(○)	룡궁(×)
유행(流 흐를류 行 다닐행)(○)	류행(×)
이발(理 다스릴리 髮 터럭발)(○)	리발(×)

꼭 알아두세요

다만, 다음과 같은 의존 명사는 'ㄹ'이 첫머리에 오더라도 '리' 음을 원래 음대로 적는다.

리(里 마을리) : 몇 리냐? **리(理 다스릴리) : 그럴 리가 없다.**

한자음 '랴', '려', '례', '료', '류', '리'가 단어의 첫머리가 아닌 위치에 올 때는 원래 음대로 적는다.

개량(改 고칠개 良 어질량)	급류(急 급할급 流 흐를류)	도리(道 길도 理 다스릴리)
사례(謝 사례할사 禮 예도례)	선량(善 착할선 良 어질량)	수력(水 물수 力 힘력)
쌍룡(雙 쌍쌍 龍 용룡)	와룡(臥 엎드릴와 龍 용룡)	진리(眞 참진 理 다스릴리)
하류(下 아래하 流 흐를류)	협력(協 화할협 力 힘력)	혼례(婚 혼인할혼 禮 예도례)

꼭 알아두세요

다만, 모음이나 'ㄴ' 받침 뒤에 이어지는 '렬, 률'은 단어 첫머리가 아니더라도 '열, 율'로 적는다.

규율(規 법규 律 법률)(○)	**규률(×)**	**나열(羅 먼벌일라 列 매울렬)(○)**	**나렬(×)**
분열(分 나눌분 裂 찢을렬)(○)	**분렬(×)**	**비열(卑 낮을비 劣 못할렬)(○)**	**비렬(×)**
비율(比 견줄비 率 비율률)(○)	**비률(×)**	**선열(先 먼저선 烈 매울렬)(○)**	**선렬(×)**
선율(旋 돌선 律 법율)(○)	**선률(×)**	**전율(戰 싸울전 慄 두려워할률)(○)**	**전률(×)**
진열(陳 베풀진 列 벌일렬)(○)	**진렬(×)**	**치열(熾 이치 烈 벌일렬)(○)**	**치렬(×)**

실패율 (失 잃을 실 敗 깨트릴 패 率 비율 율(률))(○)	실패률(×)
백분율 (百 일백 백 分 나눌 분 率 비율 율(률))(○)	백분률(×)

외자로 된 이름을 성에 붙일 경우에도 원래 음대로 적을 수 있다. (원칙은 두음 법칙 적용)

신립(申砬)	채륜(蔡倫)	하륜(河崙)

그러나 두 글자 이름의 경우에는 '박린호', '김륜태'처럼 적지 않고 '박인호', '김윤태'로 적어야 한다.

준말에서 원래 음으로 소리 나는 것은 원래 음대로 적는다.

경실련(경제정의실천시민연합 經濟正義實踐市民聯合)
언노련(전국언론노동조합연맹 全國言論勞動組合聯盟)
전경련(전국경제인연합회 全國經濟人聯合會)
조총련(재일본조선인총연합회 在日本朝鮮人總聯合會)

접두사처럼 쓰이는 한자가 붙어서 된 말이나 합성어에서 뒷말의 첫소리가 'ㄴ' 또는 'ㄹ' 소리로 나더라도 두음 법칙에 따라 적는다.

역이용(逆 거스를 역 利 이로울 리 用 쓸 용)(○)	역+리용(×)
연이율(年 해 년 利 이로울 리 率 비율 률)(○)	연+리율(×)
열역학(熱 더울 열 力 힘 력 學 배울 학)(○)	열+력학(×)
해외여행(海 바다 해 外 바깥 외 旅 나그네 려 行 다닐 행)(○)	해외+려행(×)

둘 이상의 단어로 이루어진 고유 명사를 붙여 쓰는 경우나 십진법에 따라 쓰는 수도 두음 법칙에 따라 적는다.

아래 예문의 경우 '서울'과 '여관'을 각각 서로 다른 단어로 보기 때문에 뒤의 단어 '려관'에도 두음 법칙을 써서 '여관'으로 적는다.

서울여관(○)	서울려관(×)
우리이발소(○)	우리리발소(×)
육백육십육(○)	륙백륙십륙(×)

'ㄹ'이 'ㄴ'으로 발음되는 경우

한자음 '라', '래', '로', '뢰', '루', '르'가 단어의 첫머리에 올 때는 두음 법칙에 따라 '나', '내', '노', '뇌', '누', '느'로 적는다.

나체(裸 벌거벗을 라 體 몸 체)(○)	라체(×)
낙원(樂 즐거울 락 園 동산 원)(○)	락원(×)
내일(來 올 래 日 날 일)(○)	래일(×)
노인(老 늙을 로 人 사람 인)(○)	로인(×)

노점(露 이슬 로 店 가게 점)(○)	로점(×)
뇌성(雷 우뢰 뢰 聲 소리 성)(○)	뢰성(×)
누각(樓 다락 루 閣 문설주 각)(○)	루각(×)
능묘(陵 큰언덕 릉 墓 무덤 묘)(○)	능묘(×)

그러나 단어의 첫머리가 아닌 경우에는 원래 음대로 적는다.

거래(去 갈 거 來 올 래)	고루(固 굳을 고 陋 더러울 루)	극락(極 극진할 극 樂 즐길 락)
낙뢰(落 떨어질 낙 雷 우레 뢰)	연로(年 해 년 老 늙을 로)	왕래(往 갈 왕 來 올 래)
전라(全 완전할 전 羸 벌거벗을 라)	지뢰(地 땅 지 雷 우레 뢰)	쾌락(快 쾌할 쾌 憷 즐거울 락)
광한루(廣 넓을 광 寒 찰 한 樓 다락 루)	서오릉(西 서녘 서 五 다섯 오 陵 언덕 릉)	식도락(食 밥 식 道 길 도 樂 즐거울 락)

접두사처럼 쓰이는 한자가 붙어서 된 단어는 뒷말을 두음 법칙에 따라 적는다. 아래의 예문 '중노동'은 '노동'에 접두사적 성격의 한자어 '중-'이 결합된 구조이므로 '로동'에도 두음 법칙을 적용하여 '노동'으로 표기한다.

비논리(非 아닐 비 論 논의할 론 理 다스릴 리)(○)	비+론리(×)
상노인(上 윗 상 老 늙을 로 人 사람 인)(○)	상+로인(×)
중노동(重 무거울 중 勞 수고로울 로 動 움직일 동)(○)	중+로동(×)

06 겹쳐 나는 소리

한 단어 안에서 같은 음절이나 비슷한 음절이 겹쳐나는 부분은 같은 글자로 적는다.

한 단어 안에서 같은 음절이나 비슷한 음절이 반복된 것은 동일한 문자로 처리하여 문장을 더욱 쉽게 이해하기 위한 것이다.

'딱딱'은 된소리 규정('ㄱ', 'ㅂ' 받침 뒤에서 나는 된소리는 된소리로 적지 않는다.)에 따르면 '딱닥'으로 적어야 하지만, 그렇게 쓰면 뜻을 파악하는 데 어려움이 있으므로 같은 음절이 겹쳐날 때는 같은 글자로 적는다.

O	X
딱딱	딱닥
빡빡	빡박
쌕쌕	쌕색
씩씩	씩식
무뚝뚝	무뚝둑
눅눅하다	눙눅하다
밋밋하다	민밋하다

O	X
꼿꼿하다	꼿곳하다
똑딱똑딱	똑닥똑닥
쌉쌀하다	쌉살하다
쓱싹쓱싹	쓱삭쓱삭
씁쓸하다	씁슬하다
연연하다	연련하다
짭짤하다	짭잘하다

또 아래의 예문 중에서 '누누이', '유유상종'은 두음법칙을 적용하면 '누루이', '유류상종'이라고 적어야 맞지만, 이렇게 하면 발음하기가 어려워지므로 실제 발음에 따라 '누누이', '유유상종'으로 적는다.

O	X
누누이	누루이
연연하다	연련하다
요요하다	요료하다

O	X
유유상종	유류상종
연연불망	연련불망
요요무문	요료무문

그러나 그 밖의 경우는 원래 음대로 적는 것이 원칙이다.

낭랑(朗朗 밝을 랑)하다
냉랭(冷冷 찰 랭)하다
늠름(凜凜 찰 름)하다
염념불망(念念 생각 념 不 아닐 불 忘 잊을 망)

역력(歷歷 지날 력)하다
연년생(年年 해 년 生 날 생)
적나라(赤 붉을 적 裸裸 벌거숭이 라)하다
인린(燐燐 도깨비불 린)하다

4 형태에 관한 맞춤법 규칙

01 체언과 조사

체언은 조사와 구별하여 적는다.

체언(여기서는 명사) '흙'에 조사 '이', '을', '에' 등이 붙을 때 체언과 조사를 구별하지 않고 '흘기', '흘글', '흘게' 등과 같이 소리 나는 대로 적으면 체언과 조사 어느 쪽도 제대로 알 수 없게 되어 그 뜻을 쉽게 이해할 수 없다. 그러므로 체언과 조사는 그 형태를 확실히 구분하여 적어야 한다.

아래의 예에서 보면 조사 '이', '을', '도'가 '떡'이라는 체언(여기서는 명사)에 붙어서 그 의미를 확실히 구별해 주기도 하고, 주어에서 목적어로 자격이 바뀌게 도와주기도 한다.

값이	값을	값도
꽃이	꽃을	꽃도
떡이	떡을	떡도
밤이	밤을	밤도
손이	손을	손도

옷이	옷을	옷도
집이	집을	집도
책이	책을	책도
콩이	콩을	콩도
팔이	팔을	팔도

만약 체언과 조사를 구별하여 적지 않고 소리 나는 대로 적으면 다음과 같다.

떡+이:떠기	떡+을:떠글	떡+도:떡도
팔+이:파리	팔+을:파를	팔+도:팔도
손+이:소니	손+을:소늘	손+도:손도
밥+이:바비	밥+을:바블	밥+도:밥도

위의 예에서 보면 '떡'의 뒤에 어떤 조사가 오느냐에 따라 '떠기'도 될 수 있고 '떡도'도 될 수 있다. 그러므로 원래 말인 '떡'의 의미를 제대로 이해하기 위해서는 체언과 조사를 구분해서 적어야 한다.

02 어간과 어미

용언의 어간과 어미는 구별하여 적는다.

어간과 어미는 용언에 대하여 쓰는 말이다. 용언은 문장의 주체를 서술하는 기능을 하는 동사와 형용사를 함께 이르는 말로 '무엇이 어떠하다'에서 '어떠하다'에 해당한다.

용언이 활용할 때 변하지 않는 부분을 어간, 변하는 부분을 어미라고 한다. '먹다'를 활용해 보면, '먹고', '먹어', '먹으니', '먹으면', '먹어서'가 되고, '신다'를 활용해 보면 '신고', '신어', '신으니', '신으면', '신어서'가 되는데, 아무리 활용해도 변하지 않는 부분인 '먹-'과 '신-'은 어간이고, 그 어간에 붙어서 활용할 때 변하는 부분인 '-다', '-고', '-아/어', '-(으)니' 등은 어미이다.

여기서 어간과 어미는 정확하게 구분하되, 어간의 형태를 고정시켜 표기해야 그 뜻을 이해하기 쉽다.

만약 '신다'를 활용할 때 '시너', '시느니'처럼 용언의 어간과 어미를 구별하여 적지 않고 소리 나는 대로 적으면 혼란이 와서 뜻을 쉽게 파악할 수 없다. 이때는 '신 + 어', '신 + 으니' 처럼 어간과 어미를 분명히 구별해 써야 한다.

같다	같고	같아	같으니
깎다	깎고	깎아	깎으니
넓다	넓고	넓어	넓으니
넘다	넘고	넘어	넘으니
높다	높고	높아	높으니
늙다	늙고	늙어	늙으니
많다	많고	많아	많으니
먹다	먹고	먹어	먹으니
믿다	믿고	믿어	믿으니
신다	신고	신어	신으니
앉다	앉고	앉아	앉으니

없다	없고	없어	없으니
울다	울고	울어	우니
웃다	웃고	웃어	웃으니
읊다	읊고	읊어	읊으니
입다	입고	입어	입으니
있다	있고	있어	있으니
젊다	젊고	젊어	젊으니
좇다	좇고	좇아	좇으니
좋다	좋고	좋아	좋으니
찾다	찾고	찾아	찾으니
훑다	훑고	훑어	훑으니

꼭 알아두세요

이때 위의 예에서처럼 어간에 받침이 있는 단어가 활용할 때, '–니'라는 어미 앞에는 '으'가 삽입된다.

두 개의 용언이 어울려 한 개의 용언이 될 때, 앞말의 원래 뜻이 유지되고 있는 것은 그 원형을 밝혀 적고, 그 원래 뜻에서 멀어진 것은 밝혀 적지 않는다.

1. 앞말의 원래 뜻이 유지되고 있는 것

'넘어지다'는 '넘다'의 원래 뜻을 살린 것이다. '돌아가다' 역시 '돌다' + '가다'의 원래 뜻을 살려 표기한 것이다.

넘어지다	늘어나다	늘어지다	돌아가다
되짚어가다	들어가다	떨어지다	벌어지다
엎어지다	접어들다	틀어지다	흩어지다

2. 원래 뜻에서 멀어진 것

'드러나다', '사라지다', '쓰러지다' 등은 어간의 원래 뜻이 거의 사라졌으므로 밝혀 적지 않는다.

드러나다(○)	들어나다(×)
사라지다(○)	살아지다(×)
쓰러지다(○)	쓸어지다(×)

'-이오'와 '-이요'는 서로 혼동을 일으키는 경우가 많다. 상황에 따라 맞춤법에 맞게 구별해 적는다.

상대높임의 뜻을 나타내는 문장을 끝맺을 때는 '-이오'로 적는다.

이것은 책이오. (○)	이것은 책이요. (×)
이리로 오시오. (○)	이리로 오시요. (×)
이것은 책이 아니오. (○)	이것은 책이 아니요. (×)

연결형의 문장에서는 '-이요'로 적는다.

이것은 책이요, 저것은 붓이요, 또 저것은 먹이다. (○)
이것은 책이오, 저것은 붓이오, 또 저것은 먹이다. (×)

어간의 끝음절 모음이 'ㅏ, ㅗ' 일 때는 어미를 '-아'로 적고, 그 밖의 모음일 때는 '-어'로 적는다.

동일한 어미가 어간의 모음에 따라 다르게 나타나기도 하는데, 이것을 '모음조화' 규칙이라고 한다. 어간의 끝 음절 모음이 'ㅏ', 'ㅗ' 같은 양성 모음일 경우에는 어미가 '-아', '-아서', '-아도' 등의 양성 모음과 어울리고, 그 밖의 모음인 'ㅓ', 'ㅜ', 'ㅡ', 'ㅣ', 'ㅐ', 'ㅔ', 'ㅚ'일 때는 '-어', '-어도', '-어서' 등의 음성 모음과 어울리는 규칙이다.

1. '–아'로 적는 경우 : 어간의 끝음절 모음이 'ㅏ', 'ㅗ'인 경우

나아	나아도	나아서
돌아	돌아도	돌아서
막아	막아도	막아서
보아	보아도	보아서
살아	살아도	살아서
얇아	얇아도	얇아서

2. '–어'로 적는 경우

개어	개어도	개어서
걸어	걸어도	걸어서
겪어	겪어도	겪어서
되어	되어도	되어서
베어	베어도	베어서
쉬어	쉬어도	쉬어서
저어	저어도	저어서
주어	주어도	주어서
피어	피어도	피어서
희어	희어도	희어서

어미 뒤에 덧붙는 조사 '–요'는 '요'로 적는다.

'–어', '–리', '–지' 등과 같이 문장을 마치는 어미 뒤에 조사 '–요'가 덧붙은 경우로, 이때 '요'는 높임의 뜻을 나타낸다. 이 '–요'는 의문형 어미 뒤에도 붙는다.

읽어	읽어요	참으리	참으리요
좋지	좋지요	가나–요	가는가–요

다음과 같은 용언들은 어미가 바뀔 경우, 그 어간이나 어미가 원칙에 벗어나면 벗어나는 대로 적는다.

용언의 어간은 활용을 해도 바뀌지 않는 것이 원칙이지만 종종 바뀌는 경우가 있다. 이와 같은 용언을 '불규칙 용언'이라 한다. 불규칙 용언에는 모두 9가지 종류가 있는데, 그 9가지는 활용이 서로 일정하지 못하므로 한 가지 법칙으로 간단하게 설명할 수 없다.

1. 어간의 끝 'ㄹ'이 줄어들 때

아래의 예문에서 '놀다'의 예를 보면, 어간 '놀'이 뒤에 붙는 어미에 따라서 받침 'ㄹ'이 떨어져 나가는 현상을 볼 수 있다. '놀고', '놀려면', '놀면' 등에서는 'ㄹ' 받침이 발음되고, '노니', '논', '놉니다' 등에서는 'ㄹ' 받침이 떨어져 나가는 현상을 볼 수 있다. 이것을 'ㄹ 탈락 현상'이라고 한다.

갈다 :	가니	간	갑니다	가시다	가오
놀다 :	노니	논	놉니다	노시다	노오
불다 :	부니	분	붑니다	부시다	부오
열다 :	여니	연	엽니다	여시다	여시오
둥글다 :	둥그니	둥근	둥급니다	둥그시다	둥그오
어질다 :	어지니	어진	어집니다	어지시다	어지오

다음과 같은 말에서도 'ㄹ'이 줄어든 대로 적는다.

마지못하다 (○)	말지못하다 (×)
(하)다마다 (○)	(하)다말다 (×)
(하)지 마라 (○)	(하)지 말아라 (×)

마지않다 (○)	(말)지않다 (×)
(하)자마자 (○)	(하)자말자 (×)
(하)지 마(아) (○)	(하)지 말아 (×)

2. 어간의 끝 'ㅅ'이 줄어들 때

'ㅅ' 받침을 가진 용언 중 '긋다, 낫다, 잇다, 짓다' 등은 모음으로 시작되는 어미 위에서 'ㅅ' 받침이 떨어진다. 하지만 자음으로 시작되는 어미가 오면 '긋고', '긋지', '낫고', '낫지' 등과 같이 받침 'ㅅ'이 발음되는 현상을 볼 수 있다.

긋다 :	그어	그으니	그었다
낫다 :	나아	나으니	나았다
잇다 :	이어	이으니	이었다
짓다 :	지어	지으니	지었다

3. 어간의 끝 'ㅎ'이 줄어들 때

'그렇다[그러타]'의 예를 보면, '그렇고[그러코]', '그렇게[그러케]', '그렇다[그러타]', '그렇지[그러치]'처럼 'ㅎ' 받침은 'ㄱ', 'ㄷ', 'ㅂ', 'ㅈ'으로 시작하는 어미와 만날 때는 'ㅎ'이 그대로 남아 있으나, 그 밖의 다른 자음이나 모음으로 시작하는 어미와 만날 때는 'ㅎ'이 떨어져서 소리가 나지 않는다.

그렇다 :	그러니	그럴	그러면	그럽니다	그러오
까맣다 :	까마니	까말	까마면	까맙니다	까마오
동그랗다 :	동그라니	동그랄	동그라면	동그랍니다	동그라오
퍼렇다 :	퍼러니	퍼럴	퍼러면	퍼럽니다	퍼러오
하얗다 :	하야니	하얄	하야면	하얍니다	하야오

4. 어간의 끝 'ㅜ', 'ㅡ'가 줄어들 때

어간이 모음 'ㅜ'로 끝난 '푸다'나, 'ㅡ'로 끝나는 어간을 가진 '뜨다', '끄다' 등의 용언은 '-어', '-어도', '-어서', '-었' 등과 합쳐질 때 어간의 끝모음 'ㅜ'나 'ㅡ'가 줄어든다.

끄다 :	꺼	껐다
뜨다 :	떠	떴다

고프다 :	고파	고팠다
담그다 :	담가	담갔다

크다 :	커	컸다
푸다 :	퍼	펐다

따르다 :	따라	따랐다
바쁘다 :	바빠	바빴다

5. 어간의 끝 'ㄷ'이 'ㄹ'로 바뀔 때

'걷다'의 '걷–'은 '–고', '–게', '–기', '–는' 등의 자음으로 시작하는 어미 앞에서는 '걷고', '걷게', '걷기', '걷는' 등과 같이 'ㄷ'이 탈락하지 않고 형태가 변하지 않는다. 그러나 모음으로 시작하는 어미 앞에서는 '걷– + –어 → 걸어'와 같이 'ㄷ'이 'ㄹ'로 바뀐다.

걷다 :	걷고	걷는	걷게	걸어	걸으니
듣다 :	듣고	듣는	듣게	들어	들으니
묻다 :	묻고	묻는	묻게	물어	물으니
싣다 :	싣고	싣는	싣게	실어	실으니

6. 어간의 끝 'ㅂ'이 'ㅜ'로 바뀔 때

'ㅂ'받침을 가진 '밉다, 맵다, 쉽다' 등은 모음으로 시작되는 어미가 올 때 '미워, 매워, 쉬워' 등과 같이 'ㅂ'이 제대로 발음되지 않고 반모음 '오/우' 소리로 발음된다. 하시만 자음으로 시작하는 어미가 올 때는 'ㅂ' 받침이 분명히 발음된다.

가깝다 :	가까워	가까우니	가까웠다
괴롭다 :	괴로워	괴로우니	괴로웠다
굽다 :	구워	구우니	구웠다
깁다 :	기워	기우니	기웠다
맵다 :	매워	매우니	매웠다
무겁다 :	무거워	무거우니	무거웠다
밉다 :	미워	미우니	미웠다
쉽다 :	쉬워	쉬우니	쉬웠다

다만 '돕–', '곱–'과 같은 어간에 어미 '–아'가 결합되면 'ㅂ'은 '와'로 변해 '도와', '고와'의 형태로 나타난다.

곱다 :	고와	고와도	고왔다
돕다 :	도와	도와도	도왔다

7. '하다'의 활용에서 어미 '–아'가 '여'로 바뀔 때

어간 끝음절 모음이 'ㅏ'일 때는 어미를 '–아'로 적어야 하지만 '하 –'뒤에서는 분명히 [여]로 발음되므로 예외 형태인 '여'로 적는다.

하다 :	하여	하여서	하여도	하여라	하였다

8. 어간의 끝 음절 '르' 뒤에 오는 어미 '–어'가 '러'로 바뀔 때

'이르다', '푸르다'처럼 어간의 끝 음절 '르' 뒤에 어미 '–어'가 올 때 어미가 불규칙적으로 바뀌어 '이르러', '푸르러'가 된다.

노르다 :	노르러	노르렀다
누르다 :	누르러	누르렀다
이르다 :	이르러	이르렀다
푸르다 :	푸르러	푸르렀다

9. 어간의 끝 음절 '르'의 'ㅡ'가 줄고, 그 뒤에 오는 어미 '–아/–어'가 '–라/–러'로 바뀔 때

이들 용언은 어간의 형태도 바뀌고 어미도 불규칙적으로 바뀐 형태를 띤다. 자음으로 시작되는 어미 '–고', '–면' 앞에서는 '가르고', '가르면'과 같이 그 형태가 변하지 않는다. 반면 모음 어미 '–어', '–아'와 연결될 때는 '갈라', '갈랐다'와 같이 'ㅡ'가 줄고 '–라/–러'가 오는 불규칙한 모습을 보인다.

가르다 :	갈라	갈랐다	가르고	가르면
거르다 :	걸러	걸렀다	거르고	거르면
구르다 :	굴러	굴렀다	구르고	구르면
벼르다 :	별러	별렀다	벼르고	벼르면
부르다 :	불러	불렀다	부르고	부르면
오르다 :	올라	올랐다	오르고	오르면
이르다 :	일러	일렀다	이르고	이르면
지르다 :	질러	질렀다	지르고	지르면

03 접미사가 붙어서 된 말

접미사는 스스로 독립하여 사용되지 못하고 단어나 어간 뒤에 붙어서 그 뜻을 제한하거나 문법적 성질을 바꾸는 말이다.

어간에 '–이'나 '–음/–ㅁ'이 붙어서 명사로 된 것과 '–이', '–히'가 붙어서 부사로 된 것은 그 어간의 원형을 밝혀서 적는다.

이렇게 함으로써 원래 어간의 의미와 접미사의 형태를 한눈에 알아볼 수 있다.

1. '–이'가 붙어서 명사로 된 것

길이	깊이	넓이	높이	다듬이	달맞이	됨됨이
땀받이	먹이	미닫이	벌이	살림살이	손잡이	쇠붙이

2. '–음/–ㅁ'이 붙어서 명사로 된 것

걸음	알음	묶음	믿음	삶	앎
얼음	엮음	울음	웃음	졸음	죽음

3. '–이'가 붙어서 부사로 된 것

같이	굳이	길이	깊이	깨끗이
높이	많이	쉬이	실없이	짓궂이

4. '–히'가 붙어서 부사로 된 것

밝히	부지런히	열심히	익히

꼭 알아두세요

다만, 어간에 '–이'나 '– 음'이 붙어서 명사로 바뀐 것이라도 그 어간의 뜻과 멀어진 것은 원형을 밝혀서 적지 않는다.

거름(비료) (○)	걸음 (×)	고름(膿) (○)	골음 (×)
노름(도박) (○)	놀음 (×)	코끼리 (○)	코길이 (×)

어간에 '–이'나 '–음' 이외의 모음으로 시작된 접미사가 붙어서 다른 품사로 바뀐 것은 그 어간의 원형을 밝혀서 적지 않는다.

• 명사로 바뀐 것

아래의 단어들은 어간에 '–이'나 '–음' 이외의 모음으로 시작하는 접미사가 붙는 경우이다. 이러한 접미사들은 한 어간 아래에만 국한되어 쓰이므로 규칙을 가지지 않는다. 그러므로 어간을 밝혀서 적지 않는 것이다.

귀머거리 (먹 + 어리)	까마귀 (깜 + 아귀)	너머 (넘 + 어)
마감 (막 + 암)	마개 (막 + 애)	마중 (맞 + 웅)
무덤 (묻 + 엄)	쓰레기 (쓸 + 에기)	주검 (죽 + 엄)

• 부사로 바뀐 것

거뭇거뭇	너무	도로	뜨덤뜨덤	바투
불긋불긋	비로소	오긋오긋	자주	차마

• 조사로 바뀌어 뜻이 달라진 것

(그)나마	(너)마저
(거기)부터	(나)조차

명사 뒤에 '이'가 붙어서 된 말은 그 명사의 원형을 밝혀 적는다.

1. 부사로 된 것

곳곳이	낱낱이	몫몫이
샅샅이	앞앞이	집집이

2. 명사로 된 것

곰배팔이	바둑이	삼발이
애꾸눈이	육손이	절뚝발이 / 절름발이

'-이' 이외의 모음으로 시작된 접미사가 붙어서 된 말은 그 명사의 원형을 밝혀 적지 않는다. 이 가운데 '바가지'는 '박+아지', '꼬락서니'는 '꼴+악서니', '끄트머리'는 '끝+으머리'로 분석할 수 있으나, 접미사들의 의미가 분명하지 않고 이 단어들 외에는 쓰는 경우가 많지 않으므로 원형을 밝혀 적지 않는다.

꼬락서니	끄트머리	모가치	바가지	바깥	보푸라기
사타구니	싸라기	이파리	지붕	지푸라기	짜개

명사 혹은 용언의 어간 뒤에 자음으로 시작된 접미사가 붙어서 된 말은 그 명사나 어간의 원형을 밝혀서 적는다.

1. 명사 뒤에 자음으로 시작된 접미사가 붙어서 된 것

값지다 (값+지다)	넋두리 (넋+두리)	빛깔 (빛+깔)
옆댕이 (옆+댕이)	잎사귀 (잎+사귀)	홑지다 (홑+지다)

2. 어간 뒤에 자음으로 시작된 접미사가 붙어서 된 것

갉작갉작하다	갉작거리다	굵다랗다	굵직하다
깊숙하다	낚시	넓적하다	높다랗다
늙수그레하다	늙정이	덮개	뜯게질
뜯적거리다	뜯적뜯적하다	얽죽얽죽하다	넓둥글다

꼭 알아두세요

다만, 겹받침의 끝소리가 드러나지 않거나, 어원이 분명하지 않거나 원래 뜻에서 멀어진 말은 소리 나는 대로 적는다.

① 겹받침의 끝소리가 드러나지 않는 것

널따랗다 (넓다)	널찍하다 (넓다)	말끔하다 (맑다)	말쑥하다 (맑다)
실쭉하다 (싫다)	실컷 (싫다)	실큼하다 (싫다)	얄따랗다 (얇다)
얄팍하다 (얇다)	짤따랗다 (짧다)	짤막하다 (짧다)	할짝거리다 (핥다)

② 어원이 분명하지 않거나 원래 뜻에서 멀어진 것

골막하다　　납작하다　　넙치　　올무

용언의 어간에 다음과 같은 접미사들이 붙어서 이루어진 말들은 그 어간을 밝혀 적는다.

1. '-기-', '-리-', '-이-', '-히-', '-구-', '-우-', '-추-', '-으키-', '-이키-', '-애-'가 붙는 것

갖추다	곧추다	굳히다	굽히다	낚이다
넓히다	돋구다	돋우다	돌이키다	뚫리다
맞추다	맡기다	밝히다	솟구다	쌓이다
앉히다	얽히다	없애다	옮기다	울리다
웃기다	일으키다	잡히다	쫓기다	핥이다

꼭 알아두세요

다만, '-이-', '-히-', '-우-'가 붙어서 된 말이라도 원래 뜻에서 멀어진 것은 소리 나는 대로 적는다.

거두다	고치다	미루다	이루다
도리다 (칼로~)	드리다 (용돈을~)	바치다 (세금을~)	부치다 (편지를~)

2. '-치-', '-뜨리-', '-트리-'가 붙는 것

놓치다	덮치다	떠받치다
받치다	밭치다	부딪치다
뻗치다	엎치다	부딪뜨리다 / 부딪트리다
쏟뜨리다 / 쏟트리다	찢뜨리다 / 찢트리다	흩뜨리다 / 흩트리다

꼭 알아두세요

'-업-', '-읍-', '-브-'가 붙어서 된 말은 소리 나는 대로 적는다.

미덥다 (○) 믿업다 (×) 미쁘다 (○) 믿브다 (×) 우습다 (○) 웃읍다 (×)

'-하다'나 '-거리다'가 붙는 어근에 '-이-'가 붙어서 명사가 된 것은 그 원형을 밝혀 적는다.

'꿀꿀거리다', '오뚝하다' 등과 '꿀꿀이', '오뚝이'가 서로 연관이 있다는 것을 밝히려면 어근의 원형을 밝히는 것이 좋다.

O	X
깔쭉이	깔쭈기
꿀꿀이	꿀꾸리
눈깜짝이	눈깜짜기
배불뚝이	배불뚜기
삐죽이	삐주기
살살이	살사리

O	X
쌕쌕이	쌕쌔기
오뚝이	오뚜기
코납작이	코납자기
푸석이	푸서기
홀쭉이	홀쭈기
합죽이	합주기

'-하다'나 '-거리다'가 붙을 수 없는 어근에 '-이'나 또는 다른 모음으로 시작되는 접미사가 붙어서 명사가 된 것은 그 원형을 밝혀 적지 않는다.

'눈깜짝이'는 '눈깜짝하다, 눈깜짝거리다'라는 활용이 가능하므로 '눈깜짝'이라는 어근의 원형을 밝혀 적지만, '기러기'는 '기럭하다, 기럭거리다'라는 활용이 불가능하므로 '기럭'이라는 원형을 밝혀 적지 않는 것이다.

개구리	귀뚜라미	기러기	깍두기	꽹과리
날라리	누더기	동그라미	두드러기	딱따구리
매미	부스러기	뻐꾸기	얼루기	칼싹두기

'-거리다'가 붙을 수 있는 말에 '-이다'가 붙어 된 용언은 그 어근을 밝혀 적는다.

예를 들어 가령 '깜짝'에서 변화한 '깜짝거리다', '눈깜짝이'처럼 '깜짝'을 밝혀서 '깜짝이다'로 적어 주면 뜻을 이해하기가 훨씬 쉬워진다.

O	X
깜짝이다	깜짜기다
꾸벅이다	꾸버기다
끄덕이다	끄더기다
뒤척이다	뒤처기다
들먹이다	들머기다
망설이다	망서리다
번쩍이다	번쩌기다

O	X
속삭이다	속사기다
울먹이다	울머기다
움직이다	움지기다
지껄이다	지꺼리다
퍼덕이다	퍼더기다
허덕이다	허더기다
헐떡이다	헐떠기다

'-하다'가 붙는 어근에 '-히'나 '-이'가 붙어서 부사가 되거나, 부사에 '-이'가 붙어 뜻을 더하는 경우에는, 그 어근이나 부사의 원형을 밝혀서 적는다.

1. '-하다'가 붙는 어근에 '-히'나 '-이'가 붙는 경우

급히	깨끗이	꾸준히	도저히	어렴풋이

'-하다'가 붙지 않는 경우에는 소리 나는 대로 적는다. 이때는 어근과 접미사가 합쳐진 것으로 보지 않으므로 소리 나는 대로 적는 것이다.

갑자기	반드시(꼭)	슬며시

꼭 알아두세요

'반듯하다'의 '반듯-'에 '-이'가 붙은 '반듯이(반듯하게)'와 '반드시(必)'는 뜻이 다른 단어이다.

반듯이 (반듯하게) 서라.　　**그는 반드시 (꼭) 돌아온다.**

2. 부사에 '-이'가 붙어서 다시 부사가 되는 경우

곰곰이	더욱이	생긋이	일찍이	해죽이

'-하다'나 '-없다'가 붙어서 된 용언은 그 '-하다'나 '-없다'를 밝혀서 적는다.

1. '-하다'가 붙어서 용언이 된 것

깨끗하다	딱하다	숱하다	진하다
착하다	참하다	텁텁하다	푹하다

2. '-없다'가 붙어서 용언이 된 것

맥없다	부질없다	상없다	시름없다
실없다	열없다	일없다	하염없다

04 합성어 및 접두사가 붙는 말

둘 이상의 단어가 어울리거나 접두사가 붙어서 이루어진 말은 각각 그 원형을 밝혀서 적는다.

'꺾꽂이'는 '꺾다+꽂이'의 형태이다. 이렇게 두 개 이상의 단어가 어울리거나 접두사가 붙어서 이루어진 말은 발음과 상관없이 본래의 단어나 접두사의 원형을 밝혀 적는다는 뜻이다.

값없다	겉늙다	굶주리다	꺾꽂이	꽃잎	끝장
낮잡다	맞먹다	물난리	밑천	받내다	벋놓다
부엌일	빗나가다	빗자루	빛나다	새파랗다	샛노랗다

시꺼멓다	싫증	싯누렇다	엇나가다	엎누르다	엿듣다
옷안	웃옷	젖몸살	짓이기다	첫아들	칼날
팥알	헛되다	헛웃음	홀몸	홀아비	흙내

어원은 분명하나 소리만 특이하게 변한 것은 변한 대로 적는다.

할아버지 : 한(큰)+아버지	할아범 : 한(큰)+아범

어원이 분명하지 않은 것은 원형을 밝혀서 적지 않는다.

골병	골탕	며칠	부리나케
부지깽이	아재비	업신여기다	오라비

'이'가 합성어나 이에 준하는 말에서 '니' 또는 '리'로 소리 날 때는 '니'로 적는다.

가랑니	간니	덧니	머릿니
사랑니	송곳니	앞니	어금니
윗니	젖니	톱니	틀니

끝소리가 'ㄹ'인 말과 다른 말이 어울릴 때 'ㄹ'소리가 나지 않는 것은 소리 나지 않는 대로 적는다.

다달이 (달–달–이)	드나들다 (들–나들다)	따님 (딸–님)
마되 (말–되)	마소 (말–소)	무자위 (물–자위)
바느질 (바늘–질)	부삽 (불–삽)	부손 (불–손)
소나무 (솔–나무)	싸전 (쌀–전)	여닫이 (열–닫이)
우짖다 (울–짖다)	화살(활–살)	

꼭 알아두세요

자세히 살펴보면 'ㄹ' 받침은 'ㄴ, ㄷ, ㅅ, ㅈ' 소리 앞에서 발음되지 않는 것을 볼 수 있다. 한자 '불(不)'이 첫소리 'ㄷ, ㅈ' 앞에서 '부'로 소리 나는 단어의 경우도 'ㄹ'이 떨어져 나간 대로 적는다.

부단(不 아닐 불 斷 끊을 단)	부당(不 아닐 불 當 마땅할 당)
부조리(不 아닐 불 條 가지 조 理 다스릴 리)	부득이(不 아닐 불 得 얻을 득 已 이미 이)
부정(不 아닐 불 正 바를 정, 不 아닐 불 定 정할 정, 不 아닐 불 貞 곧을 정)	부주의(不 아닐 불 得 물댈 주 意 뜻 의)

끝소리가 'ㄹ'인 말과 다른 말이 어울릴 때 'ㄹ' 소리가 'ㄷ' 소리로 나는 것은 'ㄷ'으로 적는다.

반짇고리(바느질~)	사흗날(사흘~)	삼짇날(삼질~)	섣달(설~)
섣부르다(설~)	숟가락(술~)	이튿날(이틀~)	잗다랗다(잘~)

사이시옷은 다음과 같은 경우에 받침으로 쓴다.

1. 순우리말로 된 합성어로서 앞말이 모음으로 끝난 경우

• 뒷말의 첫소리가 된소리로 나는 것

예를 들어 '나룻배'는 앞 단어 '나루'가 모음으로 끝나고 [나루빼 / 나룯배]와 같이 된소리가 나므로 '나루'에 'ㅅ' 받침을 붙여 준다.

나룻배	나뭇가지	냇가	댓가지	뒷갈망	맷돌
머릿기름	모깃불	못자리	바닷가	뱃길	볏가리
부싯돌	선짓국	쇳조각	아랫집	잇자국	잿더미
조갯살	찻집	쳇바퀴	핏대	햇볕	혓바늘

• 뒷말의 첫소리 'ㄴ, ㅁ' 앞에서 'ㄴ' 소리가 덧나는 것

'아랫니'는 [아랜니]로 발음되므로 '래'에 'ㅅ' 받침을 붙인다.

깻묵	냇물	뒷말	뒷머리	머릿니
빗물	아랫니	아랫마을	잇몸	텃마당

• 뒷말의 첫소리 모음 앞에서 'ㄴㄴ' 소리가 덧나는 것

'나뭇잎'은 [나문닙]으로 발음되어 'ㄴㄴ' 소리가 덧나므로 '나무'에 'ㅅ' 을 붙여 준다.

깻잎	나뭇잎	댓잎	도리깻열	두렛일
뒷윷	뒷일	뒷입맛	베갯잇	욧잇

2. 순우리말과 한자어로 된 합성어로서 앞말이 모음으로 끝난 경우

• 뒷말의 첫소리가 된소리로 나는 것

예를 들어 '귓병'의 경우 '귀(우리말)+병(한자어)'인데, [귀뼝 / 귄뼝]으로 소리 나므로 '귀'에 'ㅅ' 받침을 붙여 준다.

귓병	머릿방	뱃병	봇둑	사잣밥	샛강
아랫방	전셋집	자릿세	전셋집	찻잔	콧병
탯줄	텃세	핏기	햇수	횟가루	횟배

• 뒷말의 첫소리 'ㄴ, ㅁ' 앞에서 'ㄴ' 소리가 덧나는 것

'계(한자어)' + '날(우리말)'의 경우 [곈날]로 발음되므로 두 명사 사이에 'ㅅ' 받침을 붙인다. 이때 한자어와 우리말의 순서는 상관없다.

곗날	양칫물	제삿날	툇마루	훗날

• 뒷말의 첫소리 모음 앞에서 'ㄴㄴ' 소리가 덧나는 것

'예삿일'은 [예산닐]로 발음되어 'ㄴㄴ' 소리가 덧나므로 'ㅅ' 받침을 붙여 준다.

가윗일	사삿일	예삿일	훗일

3. 두 음절로 된 다음의 한자어

두 음절로 된 다음의 한자어는 두 한자어 사이에 'ㅅ'을 붙인다. 아래의 6개를 제외하고는 사이시옷('ㅅ')을 적지 않는다.

셋방(貰 세낼 세 房 방 방)	숫자(數 셀 수 字 글자 자)	횟수(回 돌아올 회 數 셀 수)
곳간(庫 곳집 고 間 사이 간)	찻간(車 수레 차 間 사이 간)	툇간(退 물러날 퇴 間 사이 간)

두 말이 어울릴 때 'ㅂ' 소리나 'ㅎ' 소리가 덧나는 것은 소리 나는 대로 적는다.

1. 'ㅂ' 소리가 덧나는 것

'조+쌀'은 중간에 'ㅂ'소리가 덧나 '좁쌀'로 발음된다.

댑싸리(대ㅂ싸리)	멥쌀(메ㅂ쌀)	볍씨(벼ㅂ씨)	입때(이ㅂ때)
입쌀(이ㅂ쌀)	접때(저ㅂ때)	좁쌀(조ㅂ쌀)	햅쌀(해ㅂ쌀)

2. 'ㅎ' 소리가 덧나는 것

'머리+가락'이 '머리카락', '암+개'가 '암캐'로 소리 나는 것은 중간에 'ㅎ'이 들어있기 때문이다.

머리카락(머리ㅎ가락)	살코기(살ㅎ고기)	수캐(수ㅎ개)
수컷(수ㅎ것)	수탉(수ㅎ닭)	안팎(안ㅎ밖)
암캐(암ㅎ개)	암컷(암ㅎ것)	암탉(암ㅎ닭)

05 준말

단어의 마지막 음절 속에 있는 끝 모음이 줄어들고 자음만 남은 것은 그 앞의 음절에 받침으로 적는다.

'기러기+야(아)'에서 '기러기'의 마지막 모음 'ㅣ'가 줄면서 자음 'ㄱ'이 앞말의 받침으로 붙어 '기럭아'가 된다.

본말	준말
개구리야	개굴이
기러기야	기럭이
꾀꼬리야	꾀꼴이
두꺼비야	두껍이

본말	준말
가지고, 가지지	갖고, 갖지
디디고, 디디지	딛고, 딛지
어제그저께	엊그저께
어제저녁	엊저녁

체언과 조사가 어울려 줄어들 때는 줄어든 대로 적는다.

체언과 조사가 합쳐질 때 어떤 음이 줄어들거나 음절의 수가 줄어드는 것은, 그 원래 모양을 밝히지 않고 줄어든 대로 적는다. 그러나 한국어에서 조사의 역할이 중요하므로 줄이지 않는 편이 낫다.

본말	준말
그것은	그건
그것이	그게
그것으로	그걸로

본말	준말
나는	난
나를	날
너는	넌

본말	준말
무엇이	뭣을/무얼/뭘
무엇이	뭣이/무에
무엇으로	무얼로/뭘로

모음 'ㅏ', 'ㅓ'로 끝난 어간에 '-아/-어', '-았-/-었-'이 어울릴 때는 줄어든 대로 적는다.

한 단어 안에서 앞 음절과 뒤 음절 사이에 모음이 연결되는 것을 피하려는 경우가 있는데, 이를 '모음 충돌 기피 현상'이라고 한다. '가+았다'에서 '가'의 'ㅏ'와 '았'의 'ㅏ'가 만나면 한 'ㅏ'는 반드시 떨어져 나간다. 모음으로 끝난 어간이 모음으로 시작되는 어미와 만나서 모음 충돌이 일어난 것이다.

본말	준말
가아	가
나아	나
타아	타
서어	서

본말	준말
켜어	켜
펴어	펴
가았다	갔다
나았다	났다

본말	준말
타았다	탔다
서었다	섰다
켜었다	켰다
펴었다	폈다

'ㅐ', 'ㅔ' 뒤에 '-어', '-었-'이 어울려 줄어들 때는 줄어든 대로 적는다.

본말	준말
개어	개
내어	내
베어	베

본말	준말
세어	세
개었다	갰다
내었다	냈다

본말	준말
매었다	맸다
베었다	벴다
세었다	셌다

'하여'가 한 음절로 줄어서 '해'로 될 때는 줄어든 대로 적는다.

본말	준말
하여	해
더하여	더해

본말	준말
흔하여	흔해
하였다	했다

본말	준말
더하였다	더했다
흔하였다	흔했다

모음 'ㅗ', 'ㅜ'로 끝난 어간에 '–아/–어', '–았–/–었–'이 어울려 'ㅘ/ㅝ', 'ㅘㅆ/ㅝㅆ'으로 될 때는 줄어든 대로 적는다.

본말	준말
꼬아	꽈
두어	둬
보아	봐
쏘아	쏴
쑤어	쒀
오아	와
주어	줘
추어	춰

본말	준말
꼬았다	꽜다
두었다	뒀다
보았다	봤다
쏘았다	쐈다
쑤었다	쒔다
오았다	왔다
주었다	줬다
추었다	췄다

'놓아'가 '놔'로 줄어들 때는 줄어든 대로 적는다. 'ㅚ' 뒤에 '–어', '–었–'이 어울려 'ㅙ', 'ㅙㅆ'으로 될 때도 줄어든 대로 적는다.

본말	준말
괴어	괘
되어	돼
뵈어	봬
쇠어	쇄
쐬어	쐐

본말	준말
괴었다	괬다
되었다	됐다
뵈었다	뵀다
쇠었다	쇘다
쐬었다	쐤다

꼭 알아두세요

다만, '푸다'의 경우는 '푸어→퍼' 처럼 어간 모음 'ㅜ'가 탈락하기 때문에 '풔'로 적지 않는다.

‘ㅣ’ 뒤에 ‘-어’가 와서 ‘ㅕ’로 줄어들 때는 줄어든 대로 적는다.

본말	준말
가지어	가져
견디어	견뎌
다니어	다녀
막히어	막혀

본말	준말
버티어	버텨
치이어	치여
가지었다	가졌다
견디었다	견뎠다

본말	준말
다니었다	다녔다
막히었다	막혔다
버티었다	버텼다
치이었다	치였다

‘ㅏ’, ‘ㅕ’, ‘ㅗ’, ‘ㅜ’, ‘ㅡ’로 끝난 어간에 ‘-이-’가 와서 각각 ‘ㅐ’, ‘ㅖ’, ‘ㅚ’, ‘ㅟ’, ‘ㅢ’로 줄어들 때는 줄어든 대로 적는다.

본말	준말
누이다	뉘다
뜨이다	띄다
보이다	뵈다

본말	준말
싸이다	쌔다
쓰이다	씌다
펴이다	폐다

‘ㅏ’, ‘ㅗ’, ‘ㅜ’, ‘ㅡ’ 뒤에 ‘-이어’가 어울려 줄어들 때는 줄어든 대로 적는다.

본말	준말
꼬이어	꾀어/꼬여
누이어	뉘어/누여
뜨이어	띄어
보이어	뵈어/보여

본말	준말
싸이어	쌔어/싸여
쏘이어	쐬어/쏘여
쓰이어	씌어/쓰여
트이어	틔어/트여

꼭 알아두세요

‘쓰이어’는 어간과 접미사, 어간과 어미가 줄어들어 ‘씌어’와 ‘쓰여’ 두 가지가 가능하다. 다만, ‘띄어’의 경우에는 어간과 접미사만 줄어 ‘띄어’로만 적는다.

어미 '-지' 뒤에 '않-'이 어울려 '-잖-'이 될 때와, '-하지' 뒤에 '않-'이 어울려 '-찮-'이 될 때는 줄어든 대로 적는다.

본말	준말
그렇지 않은	그렇잖은
적지 않은	적잖은

본말	준말
만만하지 않다	만만찮다
변변하지 않다	변변찮다

어간의 끝 음절 '하'의 'ㅏ'가 줄고 'ㅎ'이 다음 음절의 첫소리와 어울려 거센소리로 될 때는 거센소리로 적는다.

본말	준말
편하다	편타
다정하다	다정타
간편하게	간편케

본말	준말
흔하다	흔타
정결하다	정결타
연구하도록	연구토록

'ㅎ'이 어간의 끝소리로 굳어진 것은 받침으로 적는다. '않다'를 예로 들어 보면, '아니하다 → 안ㅎ다 → 않다'로 변한 것이다.

않다	않고	않지	않든지
그렇다	그렇고	그렇지	그렇든지
어떻다	어떻고	어떻지	어떻든지
이렇다	이렇고	이렇지	이렇든지
저렇다	저렇고	저렇지	저렇든지
아무렇다	아무렇고	아무렇지	아무렇든지

꼭 알아두세요

'가지어'와 '그치어'의 준말을 '가져'와 '그쳐'로 적는 방식에 따른다면 '-지 않-'과 '-치 않-'이 줄어든 말은 '쟎'과 '챦'으로 적어야 하지만, 이미 소리 나는 대로 한 단어로 굳어져 '잖', '찮'으로 적는 것이 합리적이다.

하지만, 어간의 끝 음절 '하'가 아주 줄어들 때는 줄어든 대로 적는다. 이 경우에는 '하'가 완전히 떨어져 나가므로 '거북치', '생각컨대' 등으로 표기할 필요가 없다.

본말	준말
거북하지	거북지
못하지 않다	못지않다
생각하다 못해	생각다 못해
깨끗하지 않다	깨끗지 않다

본말	준말
생각하건대	생각건대
넉넉하지 않다	넉넉지 않다
섭섭하지 않다	섭섭지 않다
익숙하지 않다	익숙지 않다

꼭 알아두세요

'하다' 앞의 말이 모음이나 유성자음(울림소리 ; ㄴ, ㄹ, ㅁ, ㅇ)으로 끝날 때는 'ㅏ'만 줄어들고, 'ㄱ, ㅂ, ㅅ'으로 끝날 때는 '하'가 통째로 떨어져 나간다. '간편하게', '정결하다', '흔하다'는 앞말의 받침이 유성자음이므로 '간편케', '정결타', '흔타'로 줄어들고, '거북하지', '섭섭하지', '깨끗하지'는 앞말의 받침이 'ㄱ, ㅂ, ㅅ'으로 끝났으므로 '거북지', '섭섭지', '깨끗지'로 줄어든다.

다음과 같은 부사는 소리 나는 대로 적는다. 이들은 용언의 활용이 아니라 별개의 단어로 굳어진 말이므로 원래 어간을 밝혀 적을 필요가 없다. 이 밖에 '이토록, 그토록, 저토록, 종일토록, 평생토록' 등도 소리 나는 대로 적는다.

결단코	결코	기필코	무심코	아무튼	예컨대
요컨대	정녕코	필연코	하마터면	하여튼	한사코

연습문제

01 다음 낱말 중 사전에 나와 있는 순서대로 나열해 보세요.

① 디딤돌

② 때밀이

③ 뒤꿈치

④ 듬성듬성

02 다음 중 소리 나는 현상이 나머지 셋과 다른 것은?

① 굳이

② 붙이다

③ 고치다

④ 끝이

03 우리말 음절의 구조를 살펴볼 때 나머지 셋과 아주 다른 것은?

① 채

② 바

③ 궤

④ 괄

04 다음 낱말 중 우리말 표기가 잘못된 것을 모두 고르시오.

① 승락

② 왕래

③ 불문률

④ 연이율

⑤ 비논리

05 다음에서 된소리를 적은 것 중 맞게 표기된 것에 O표 하세요.

① 소쩍새 (　　)　　　솟쩍새 (　　)

② 깍두기 (　　)　　　깍뚜기 (　　)

③ 햇쓱하다 (　　)　　　해쓱하다 (　　)

④ 법썩 (　　)　　　법석 (　　)

⑤ 몹씨 (　　)　　　몹시 (　　)

⑥ 이따금 (　　)　　　잇따금 (　　)

⑦ 꼭두각씨 (　　)　　　꼭두각시 (　　)

06 다음 중 맞춤법에 맞게 표기된 것에 O표 하세요.

① 해도지 (　　)　　　해돋이 (　　)

② 핑게 (　　)　　　핑계 (　　)

③ 케이크 (　　)　　　케잌 (　　)

④ 싹뚝 (　　)　　　싹둑 (　　)

⑤ 하늬바람 (　　)　　　하니바람 (　　)

⑥ 히다 (　　)　　　희다 (　　)

⑦ 웃어른 (　　)　　　윗어른 (　　)

07 다음 중 잘못 표기된 것을 모두 골라 고쳐 쓰시오.

① 곰곰이 →

② 반짓고리 →

③ 다달이 →

④ 나무가지 →

⑤ 안됬다 →

08 다음 열거한 낱말을 보기와 같이 체언과 조사로 나누어 적으시오.

보기	집이 → (집) + (이)

① 옷이 → (　　　) + (　　　)

② 친동생을 → (　　　) + (　　　)

③ 우리나라에서 → (　　　) + (　　　)

④ 식탁은 → (　　　) + (　　　)

⑤ 학교가 → (　　　) + (　　　)

09 다음 열거한 낱말을 보기와 같이 어간과 어미로 나누고 기본형을 적으시오.

보기	먹었지 → 어간 (먹) + 어미 (었지)　기본형 (먹다)

① 가려우니 → 어간 (　　　) + 어미 (　　　)　기본형 (　　　)

② 놀고 → 어간 (　　　) + 어미 (　　　)　기본형 (　　　)

③ 얇아 → 어간 (　　　) + 어미 (　　　)　기본형 (　　　)

④ 내려서 → 어간 (　　　) + 어미 (　　　)　기본형 (　　　)

⑤ 가니까 → 어간 (　　　) + 어미 (　　　)　기본형 (　　　)

10 (　) 안에서 맞춤법에 맞는 단어를 골라 문장을 완성시켜 보세요.

① (연말연시, 연말년시)가 되면 이웃을 다시 생각하게 됩니다.

② 하루 30리를 걷는 것은 노인에게는 (중로동, 중노동)이다.

③ (똑딱, 똑닥)거리는 시계 소리까지 귀에 거슬렸다.

④ (공염불, 공념불)에 불과한 선거 공약.

⑤ 우리 마을 뒷산에는 (떡깔나무, 떡갈나무)가 무척 많아요.

11 다음 문장에서 잘못 표기된 낱말을 찾아 바르게 고쳐 보세요.

① 철호는 어느새 늠늠한 청년으로 자라 있었다. →

② 내가 들어섰을 때에는 이미 분위기가 냉냉해져 있었다. →

③ 글을 쓸 때는 띠어쓰기 규칙에 맞게 써야 한다. →

④ 분홍색 꽃무니 원피스가 참 잘 어울리는구나. →

⑤ 쌉살한 달래무침 때문에 입맛이 살아났다. →

12 다음 중 밑줄 친 곳이 바른 것은?

① 요즘 할아버지 건강은 어떻시냐?

② 할머니는 나를 붙들고 한참동안 울으셨다.

③ 어느새 나뭇잎이 많이 푸르러졌구나.

④ 민수는 동생이 가지고 노는 장난감을 뺐았다.

13 다음 문장의 ( ) 속에 알맞은 조사를 넣어 보세요.

① 우리가 독서( ) 필요성, 책( ) 선택하는 요령, 읽는 방법 등을 잘 알고 책을 읽으면, 훨씬 효과적인 독서( ) 할 수 있다.

② 헬렌 켈러( ) 두 살 때 병 때문에 듣지도 말하지도 보지( ) 못하게 되었다. 그러나 설리번 선생님( ) 사랑과 지도 속에서 언어( ) 익히고, 마침내 장애를 극복하게 되었다.

③ 수필은 소설(　) 같은 산문이지만 꾸며서 쓴 글(　) 아니다. 때문에 독자들은 글쓴이가 직접 겪은 일에서 잔잔한 감동(　) 받기도 하고, 글쓴이(　) 생각에서 삶에 보탬이 되는 깨달음을 얻기도 한다.

④ 학교에서 친구들(　) 선생님이 편(　) 나누어서 피구 시합(　) 하였다. 아이들(　) 햇살 아래에서 환하게 웃으며 뛰어 놀았다.

⑤ 한겨울이 되자 사람들(　) 주머니에 손(　) 넣은 채 종종걸음을 걸었다. 목에 두른 목도리(　) 더욱 움켜 매며 어깨(　) 움츠렸다.

14 다음 중 맞춤법에 맞게 표기된 것에 O표 하세요.

① 벼씨 (　　)　　볍씨 (　　)

② 숫것 (　　)　　수컷 (　　)

③ 수캐 (　　)　　숫개 (　　)

④ 암탉 (　　)　　암닭 (　　)

⑤ 안팎 (　　)　　안밖 (　　)

⑥ 햇쌀 (　　)　　햅쌀 (　　)

⑦ 살고기 (　　)　　살코기 (　　)

15 다음 중 준말을 잘못 쓴 것은?

① 그것으로 → 그걸로

② 생각하건대 → 생각컨대

③ 어제저녁 → 엊저녁

④ 간편하게 → 간편케

⑤ 거북하지 → 거북지

정답

01 뒤꿈치, 듬성듬성, 디딤돌, 때밀이

02 ③ (해설) 구개음화 [구지], [부치다], [끄치]

03 ④ (해설) ① ㅊ+ㅐ ② ㅂ+ㅏ ③ ㄱ+ㅔ ④ ㄱ+ㅘ+ㄹ

04 ①, ③ (해설) ① 승낙 ③ 불문율

05 ① 소쩍새 ② 깍두기 ③ 해쓱하다 ④ 법석 ⑤ 몹시 ⑥ 이따금 ⑦ 꼭두각시

06 ① 해돋이 ② 핑계 ③ 케이크 ④ 싹둑 ⑤ 하늬바람 ⑥ 희다 ⑦ 웃어른

07 ② 반짇고리 ④ 나뭇가지 ⑤ 안됐다

08 ① (옷)+(이)

② (친동생)+(을)

③ (우리나라)+(에서)

④ (식탁)+(은)

⑤ (학교)+(가)

09 ① 가려우니 → 어간 (가려)+어미 (우니) 기본형 (가렵다)

② 놀고 → 어간 (놀)+어미 (고) 기본형 (놀다)

③ 얇아 → 어간 (얇)+어미 (아) 기본형 (얇다)

④ 내려서 → 어간 (내)+어미 (려서) 기본형 (내리다)

⑤ 가니까 → 어간 (가)+어미 (니까) 기본형 (가다)

10 ① 연말연시 ② 중노동 ③ 똑딱 ④ 공염불 ⑤ 떡갈나무

11 ① 늠늠한 → 늠름한

② 냉냉해져 → 냉랭해져

③ 띠어쓰기 → 띄어쓰기

④ 꽃무니 → 꽃무늬

⑤ 쌉살한 → 쌉쌀한

12 ③ (해설) ① 어떠시냐 ② 우셨다 ④ 빼앗겼다

13 ① 의, 을, 를

② 는, 도, 의, 를

③ 과, 이, 을, 의

④ 과, 을, 을, 은

⑤ 은, 을, 를, 를

14 ① 볍씨 ② 수컷 ③ 수캐 ④ 암탉 ⑤ 안팎 ⑥ 햅쌀 ⑦ 살코기

15 ②

02

띄어쓰기

1 _ 띄어쓰기는 왜 필요할까?

2 _ 띄어쓰기의 규칙

1 띄어쓰기는 왜 필요할까?

낱말은 독립적으로 쓰이는 말의 단위이기 때문에 낱말마다 띄어쓰기를 해야 한다. 다만, 조사나 어미는 독립적으로 쓰일 수 없기 때문에 그 앞말에 붙여 써야 한다.

바른 띄어쓰기는 뜻을 정확히 전달하여 읽는 사람이 보다 쉽고 정확하게 그 뜻을 이해할 수 있도록 한다.

예를 들어 '아버지가큰집으로들어가신다.'는 문장을 보자.

① 아버지가 큰 집으로 들어가신다.

② 아버지가 큰집으로 들어가신다.

위의 예에서 보면 띄어쓰기에 따라 그 의미가 완전히 달라진다. ①의 '큰 집'은 실제 겉모양이 큰 집을 뜻하고, ②의 '큰집'은 큰아버지 댁을 의미한다.

'다음주에한번보자.'는 문장도 띄어쓰기에 따라 의미가 완전히 달라진다.

① 다음 주에 한번 보자.

② 다음 주에 한 번 보자.

①의 '한번 보자'는 기회가 있는 어떤 때를 뜻하고, ②의 '한 번 보자'는 횟수 '1'을 의미한다.

2 띄어쓰기 규칙

01 조사에 관한 띄어쓰기

조사는 그 앞말에 붙여 쓴다.

조사는 독립성이 없기 때문에 자립할 수 있는 다른 말 뒤에 붙어서 그 뜻을 더해 주거나 말과 말 사이의 관계를 나타내 준다.

꽃이	꽃마저	꽃밖에	꽃으로부터
꽃으로만	꽃이나마	꽃이다	꽃입니다
꽃처럼	꽃조차	거기도	당신같이
어디까지나	웃고만	이것뿐	멀리는

조사가 둘 이상이 겹쳐지거나, 어미 뒤에 붙는 경우에도 붙여 쓴다.

나가면서까지도	들어가기는커녕	아시다시피
"알았다."라고	어디까지입니까?	여기서부터입니다
옵니다그려	집에서처럼	학교에서만이라도

두 단어를 이어 주는 조사

격 조사

문장 속에서 체언이나 체언 구실을 하는 말의 뒤에 붙어서 그 말의 자격을 나타내 주는 조사를 말한다.

'이', '께서', '가', '에서'와 같은 주격 조사, '이다'와 같은 서술격 조사, '을', '를'과 같은 목적격 조사, '되다, 아니다' 앞의 체언에 붙는 '이', '가'와 같은 보격 조사, '의'와 같은 관형격 조사, '야', '아', '여'와 같은 호격 조사, '에게', '으로', '로써', '에게서', '처럼'과 같은 부사격 조사 따위가 있다.

현이가 일찍 집에 왔다. (주격 조사)
저것이 짚신이다. (서술격 조사)
선생님께서 책을 읽으신다. (목적격 조사)
그것은 밤나무가 아니다. (보격 조사)
나의 옷을 가져와라. (관형격 조사)
그것은 광주에서 가져왔다. (부사격 조사)
어디로 가십니까? (부사격 조사)
민호야, 3시에 만나자. (호격 조사)

접속 조사

두 단어를 같은 자격으로 이어 주는 구실을 하는 조사를 말한다. '와', '과', '하고', '(이)나', '(이)랑' 따위가 있다.

형과 나는 서점에 함께 갔다.
너랑 나는 친구야
콩나물하고 두부하고 사 오너라.
옷이며 신이며 모조리 흩어져 있다.

조사는 크게 자격을 나타내는 격 조사, 두 단어를 이어 주는 접속 조사, 보조적인 의미로 쓰이는 보조사 세 가지로 나누어진다.

보조사

체언, 부사 활용어미 따위에 붙어서 어떤 특별한 의미를 더해 주는 조사를 말한다. '은', '는', '도', '만', '까지', '마저', '조차' 따위가 있다.

인생은 짧고 예술은 길다.
비가 오는데 바람까지 분다.
밥만 먹지 말고 반찬도 먹어라.
너마저 나를 떠나는구나.

꼭 알아두세요

똑같은 형태의 말이라도 쓰이는 데에 따라 조사인 경우가 있고, 혼자서도 뜻을 나타내는 낱말일 수도 있다. 조사일 때는 앞말에 붙여 쓰고 그렇지 않을 때는 띄어 써야 하기 때문에 반드시 구별해야 한다. 예를 들어, 아래의 '하고'의 경우를 보면 '사과하고 배하고'의 '하고'는 둘 이상의 낱말을 이어 주는 접속 조사이며, '공부를 하고'의 '하고'는 동사로 쓰이는 것을 볼 수 있다.

하고
사과하고 배하고는 과일이다. (조사)
너는 공부를 하고 있어라. (동사)

보다
바다보다 깊은 어머니의 마음. (조사)
텔레비전을 보다가 잠이 들었다. (동사)

대로
떡이든 과일이든 마음대로 먹어라. (조사)
될 수 있는 대로 시간을 아껴 쓰자. (의존 명사)

만
너만 알고 있어라. (조사)
떠난 지 일주일 만에 편지가 왔다. (의존 명사)

만큼
나만큼 해야 된다. (조사)
힘들어도 걸어갈 만큼은 된다. (의존 명사)

밖
주머니에 동전밖에 없다. (조사)
그 밖에도 먹을 수 있는 것들. (명사)

같이
개같이 벌어서 정승같이 쓴다. (조사)
너와 같이 달리고 싶다. (부사)

마저
너마저 이럴 줄은 몰랐다. (조사)
하던 것은 마저 해야지. (부사)

의존 명사, 단위를 나타내는 명사 및 열거하는 말 등에 관한 띄어쓰기

의존 명사는 띄어 쓴다.

아는 것이 힘이다.	아는 이를 만났다.	먹을 만큼 먹어라.
나도 할 수 있다.	네가 뜻한 바를 알겠다.	그가 떠난 지가 오래다.

의존 명사는 홀로 독립하여 쓰이지 못하나 다른 단어 뒤에 의존하여 명사적 기능을 담당하므로 하나의 단어로 볼 수 있다. 그러므로 '문장의 각 단어는 띄어 쓴다.'는 규칙에 따라 의존 명사도 띄어 쓴다. 하지만 다음과 같은 경우에는 형태는 같으나 쓰임이 달라 띄어쓰기가 달라지므로 주의해야 한다.

1. '남자들', '학생들'의 '들'은 복수를 나타내는 접미사이므로 붙여 쓰지만 '쌀, 보리, 콩, 조, 기장 들'과 같이 두 개 이상의 사물을 열거할 경우의 '들'은 '그런 따위'란 뜻을 나타내는 의존 명사이므로 띄어 쓴다.

들 :	남자들은 모자를 쓰세요. (접미사)
	쌀, 보리, 조, 콩, 기장 들을 오곡이라 한다. (의존 명사)

2. '셋뿐이다'처럼 한정의 뜻을 나타내는 경우는 접미사이므로 붙여 쓰지만, '웃을 뿐이다'처럼 '따름'이란 뜻을 나타내는 경우는 의존 명사이므로 띄어 쓴다.

뿐 :	돌아온 사람은 셋뿐이다. (접미사)
	그는 단지 웃을 뿐이다. (의존 명사)
	나는 그냥 만졌을 뿐이다. (의존 명사)

3. '법대로'처럼 체언 뒤에 붙어서 '그와 같이'란 뜻을 나타내는 경우는 조사이므로 붙여쓰지만, '아는 대로'처럼 용언의 관형사형 뒤에서 '그와 같이'란 뜻을 나타내는 경우는 의존 명사이므로 띄어 쓴다.

대로 : 법대로 처리 하세요. (조사)
아는 대로 말한다. (의존 명사)
약속한 대로 이행한다. (의존 명사)

4. '주먹만큼'처럼 체언 뒤에 붙어서 '그런 정도로'란 뜻을 나타내는 경우는 조사이므로 붙여 쓰지만, '애쓴 만큼'처럼 용언의 관형사형 뒤에서 '그런 정도로' 또는 '실컷'이란 뜻을 나타내는 경우는 의존 명사이므로 띄어 쓴다.

만큼 : 고구마가 사람 주먹만큼 크다. (조사)
애쓴 만큼 얻는다. (의존 명사)
볼 만큼 보았다. (의존 명사)
고된 만큼 달았다. (의존 명사)

5. '하나만 알고'처럼 체언 뒤에 붙어서 '한정' 또는 '비교'의 뜻을 나타내는 경우는 조사이므로 붙여 쓰지만, '일년 만에'처럼 경과한 시간을 나타내는 경우는 의존 명사이므로 띄어 쓴다.

만 : 하나만 알고 둘은 모른다. (조사)
이것은 그것만 못하다. (조사)
떠난 지 사흘 만에 돌아왔다. (의존 명사)
우리는 1년 만에 다시 만났다. (의존 명사)

6. '큰지', '작은지'의 '-지'는 어미의 일부이므로 붙여 쓰지만, '돌아가신 지'처럼 경과한 시간을 나타내는 경우는 의존 명사이므로 띄어 쓴다.

> -지 : 집이 큰지 작은지 모르겠다. (어미)
>
> 네 책이 이것인지 저것인지 누가 알까? (어미)
>
> 할아버지께서 돌아가신 지 한 달이 지났다. (의존 명사)
>
> 그가 떠난 지 보름이 지났다. (의존 명사)
>
> 그를 만난 지 한 달이 지났다. (의존 명사)

7. '유학차'처럼 명사 뒤에 붙어서 '-하려고'란 뜻을 나타내는 경우는 접미사이므로 붙여 쓰지만, '갔던 차에'처럼 용언의 관형사형 뒤에서 '어떤 기회에 겸해서'란 뜻을 나타내는 경우는 의존 명사이므로 띄어 쓴다.

> 차 : 유학차 떠난다. (접미사)
>
> 인사차 들렀다. (접미사)
>
> 고향에 갔던 차에 선을 보았다. (의존 명사)
>
> 마침 가려던 차였다. (의존 명사)

8. '윷놀이판', '씨름판', '웃음판'처럼 '일이 벌어진 자리나 장면'의 뜻으로 쓰일 때는 합성어를 이루는 명사이므로 붙여 쓰지만, '장기 한 판'처럼 '승부를 겨루는 일의 수효'를 나타내는 경우는 의존 명사이므로 띄어 쓴다.

> 판 : 윷놀이판이 벌어졌다. (접미사)
>
> 장기 한 판 두자. (의존 명사)

단위를 나타내는 명사는 띄어 쓴다.

단위를 나타내는 의존 명사는 그 앞의 수관형사와 띄어 쓴다.

한 개	나무 한 그루	고기 두 근	열 길 물 속	엽전 두 닢
차 한 대	소 한 마리	쌀 서 말	한 명	물 한 모금
실 한 바람	열 바퀴	옷 한 벌	국수 한 사리	열 살
조기 한 손	밥 한 솥	연필 한 자루	흙 한 줌	집 한 채
신 두 켤레	북어 한 쾌	밤 한 톨	김 네 톳	풀 한 포기

단위를 나타내는 의존 명사는 위의 '개, 마리, 켤레' 등과 같이 혼자서는 쓸 수 없는 불완전 명사가 대부분이지만, '열 사람, 다섯 나라' 등에서의 '사람', '나라'에서와 같이 보통 명사가 단위성 의존 명사의 역할을 하기도 한다.

다만, 순서를 나타낼 때나 숫자와 같이 쓰일 때는 붙여 쓸 수 있다.

100원	25그램	274번지	1학년
8미터	10개	일학년	팔층
제1실습실	101동 305호	3년 6개월 20일간	두시 삼십분 오초

연월일, 시각 등도 붙여 쓸 수 있지만, 수효를 나타내는 '개년, 개월, 일(간), 시간' 등은 붙여 쓰지 않는다. 그러나 아라비아 숫자 뒤에 붙는 의존 명사는 모두 붙여 쓸 수 있다.

일천구백팔십팔 년 오 월 이십 일 → 일천구백팔십팔년 오월 이십일
여덟 시 오십구 분 → 여덟시 오십구분
삼 개(년) 육 개월 이십 일(간) 체류하였다.

수를 적을 때는 '만(萬)' 단위로 띄어 쓴다.

이십이억 삼천사백오십육만 칠천팔백구십팔
22억 3456만 7898

다만, 금액을 적을 때는 변조(變造) 등의 사고를 방지하려는 뜻에서 붙여 쓰는 게 관례로 되어 있다.

일금 : 삼십일만오천육백칠십팔원정
돈 : 일백칠십육만오천원

두 말을 이어 주거나 여러 가지를 나열할 때 쓰이는 말들은 띄어 쓴다.

국장 겸 과장	열 내지 스물	청군 대 백군	부산, 광주 등지
사장 및 임원진들	사과, 배, 귤 등등	사과, 배 등속	책상, 걸상 등이 있다.

하나의 음절로 된 단어가 이어서 나타날 때는 붙여 쓸 수 있다.

물 한 병 → 물 한병	한 잔 술 → 한잔 술
이 말 저 말 → 이말 저말	좀 더 큰 것 → 좀더 큰것
이 곳 저 곳 → 이곳 저곳	한 잎 두 잎 → 한잎 두잎
이 집 저 집 → 이집 저집	내 것 네 것 → 내것 네것

글을 띄어 쓰는 것은 그 뜻을 쉽게 알 수 있도록 하기 위해서이다. 그런데 '좀 더 큰 이 새 집'처럼 한 음절로 된 단어가 여러 개 이어질 때 단어별로 띄어 쓰면 적기도 힘들고 읽는 데도 어려움이 많다. 그래서 '좀더 큰 이 새집'처럼 붙여 쓸 수 있도록 한 것이다.

하지만 이 허용 규정은 한 음절로 된 관형사와 명사, 부사와 부사가 연결되는 경우와 같이 자연스럽게 의미적으로 한 덩이를 이룰 수 있는 구조에 적용되는 것이지, 한 개 음절로 된 단어는 무조건 붙여 쓸 수 있다는 것은 아니다.

하나의 음절이면서 관형어(꾸미는 말)나 부사인 경우라도, 관형어와 관형어, 부사와 관형어는 원칙적으로 띄어 쓴다.

훨씬 더 큰 새 집 → 훨씬 더큰 새집 (×)	더 큰 이 새 책상 → 더큰 이새 책상 (×)

또 부사와 부사가 연결된 경우에도 의미적 유형이 다른 단어끼리는 붙여 쓸 수가 없다.

더 못 간다. → 더못 간다. (×)
꽤 안 온다. → 꽤안 온다. (×)
늘 더 먹는다. → 늘더 먹는다. (×)

03 보조 용언에 관한 띄어쓰기

본 용언과 같이 쓰이면서 그 말에 의미를 더해 주는 용언을 보조 용언이라 한다. 여기에는 보조 동사, 보조 형용사가 있다. 보조 용언은 띄어 쓰는 것을 원칙으로 하되, 경우에 따라 붙여 쓰는 것도 허용한다.

여기서 말하는 보조 용언은 ① '-아/-어' 뒤에 연결되는 보조 용언, ② 의존 명사에 '-하다'나 '-싶다'가 붙어서 된 보조 용언을 가리킨다. '도와 드리다'는 표준국어대사전에 따르면 '도와드리다'로 붙여서 써야 한다. 이는 '도와주다'를 한 단어로 처리한 것에 맞추어 동일하게 처리하고자 함이다.

원칙	허용
불이 꺼져 간다.	불이 꺼져간다.
내 힘으로 막아 낸다.	내 힘으로 막아낸다.
어머니를 도와 드린다.	어머니를 도와드린다.
그릇을 깨뜨려 버렸다.	그릇을 깨뜨려버렸다.
비가 올 듯하다.	비가 올듯하다.
그 일은 할 만하다.	그 일은 할만하다.
일이 될 법하다.	일이 될법하다.
비가 올 성싶다.	비가 올성싶다.
잘 아는 척한다.	잘 아는척한다.

보조 용언	원칙	허용
가다(진행)	늙어 간다, 되어 간다.	늙어간다, 되어간다.
가지다(보유)	알아 가지고 간다.	알아가지고 간다.
나다(종결)	겪어 났다, 견뎌 났다.	겪어났다, 견뎌났다.
내다(종결)	이겨 낸다, 참아 냈다.	이겨낸다, 참아냈다.
놓다(보유)	열어 놓다, 적어 놓다.	열어놓다, 적어놓다.
대다(강세)	떠들어 댄다.	떠들어댄다.
두다(보유)	알아 둔다, 기억해 둔다.	알아둔다, 기억해둔다.
드리다(봉사)	읽어 드린다.	읽어드린다.
버리다(종결)	놓쳐 버렸다.	놓쳐버렸다.
보다(시행)	뛰어 본다, 써 본다.	뛰어본다, 써본다.
쌓다(강세)	울어 쌓는다.	울어쌓는다.
오다(진행)	참아 온다, 견뎌 온다.	참아온다, 견뎌온다.
지다(피동)	이루어 진다, 예뻐진다.	이루어진다, 예뻐진다

그러나 '잡아서 보다', '만들어서 주다'처럼 '-아/-어' 뒤에 '서'가 줄어진 경우에는 뒤의 단어가 보조 용언이 아니므로 반드시 띄어 써야 한다.

(시험 삼아) 고기를 잡아 본다. (○)	잡아본다. (○)
사과를 깎아 드린다. (○)	깎아드린다. (○)
고기를 잡아(서) 본다. (○)	잡아본다. (×)
사과를 깎아(서) 드린다. (○)	깎아드린다. (×)

한편, 의존 명사 '양, 척, 체, 만, 법, 듯' 등에 '-하다'나 '-싶다'가 합쳐져서 된 보조 용언도 앞말에 붙여 쓸 수 있다.

보조 용언	원칙	허용
양하다	의사인 양한다.	의사인양한다.
체하다	모르는 체한다.	모르는체한다.
듯싶다	올 듯싶다.	올듯싶다.
뻔하다	놓칠 뻔했다.	놓칠뻔했다.

다만, 앞말에 조사가 붙거나 앞말이 합성 동사인 경우, 의존 명사 뒤에 조사가 붙을 때는 그 뒤에 오는 보조 용언은 띄어 쓴다. 이렇게 띄어쓰기를 하는 것은 한 단어가 너무 길어지는 것을 피하기 위해서이다.

(조사) 잘도 놀아만 나는구나! (○)	잘도 놀아만나는구나! (×)
(조사) 책을 읽어도 보고……. (○)	책을 읽어도보고……. (×)
(조사) 잘난 체를 한다. (○)	잘난체를 한다. (×)
(합성 동사) 강물에 떠내려가 버렸다. (○)	강물에 떠내려가버렸다. (×)
(합성 동사) 이런 기회는 다시없을 듯 하다. (○)	이런 기회는 다시없을듯하다. (×)
(의존 명사) 그가 올 듯도 하다. (○)	그가 올듯도하다. (×)

보조 용언이 거듭해서 나올 때는 앞의 보조 용언을 붙여 쓸 수 있다.

기억해 둘 만하다. → 기억해둘 만하다.	되어 가는 듯하다. → 되어가는 듯하다.
읽어 볼 만하다. → 읽어볼 만하다.	도와 줄 법하다 → 도와줄 법하다.

04 고유 명사 및 전문 용어에 관한 띄어쓰기

성과 이름, 성과 호 등은 붙여 쓰고, 이름 뒤에 붙는 호칭어나 직위명(관직명) 등은 띄어 쓴다.

김양수	서화담	이태백
최치원 선생	박동식 박사	신정호 과장

특히 성명 또는 성이나 이름 뒤에 붙는 호칭이나 관직명 등은 고유 명사와 별개의 단위이므로 띄어 쓴다.

강인구 씨	강 선생	영철 군
총장 정영수 박사	백범 김구 선생	김 계장
이 사장	송 여사	박 교장

다만, 성과 이름을 분명히 구분할 필요가 있을 때는 띄어 쓸 수 있다.

남궁억 / 남궁 억	독고준 / 독고 준	황보지봉 / 황보 지봉	김가 / 김 가

'남궁억, 독고준'의 경우 '남/궁억, 독/고준'인지 '남궁/억, 독고/준'인지 구분하기가 어려울 수 있으므로, 성과 이름을 분명하게 밝힐 필요가 있을 때는 띄어 쓸 수 있도록 한 것이다.

성명 이외의 고유 명사는 단어별로 띄어 쓰는 것을 원칙으로 하되, 단위별로 띄어 쓸 수 있다.

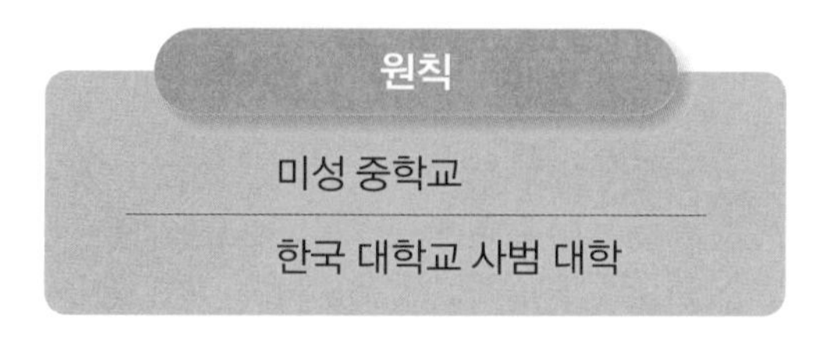

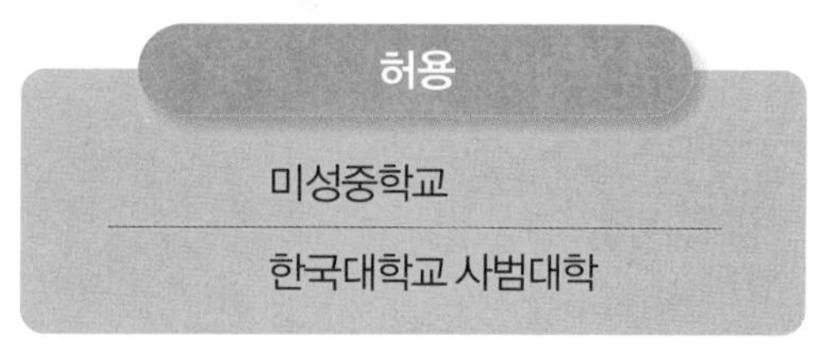

전문 용어는 단어별로 띄어 쓰는 것이 원칙이나 붙여 쓸 수도 있다.

원칙

만성 골수성 백혈병

손해 배상 청구

긴급 재정 처분

모음 조화

윗 몸 일으키기

탄산 나트륨

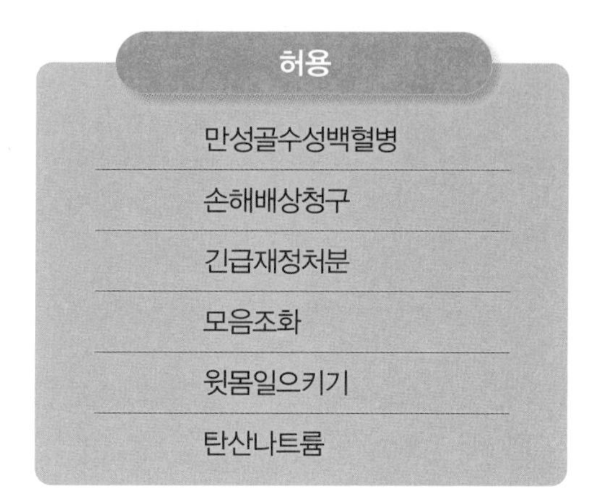

꼭 알아두세요

다만, 앞에 꾸미는 말이 있거나 두 개 이상의 낱말이 연결될 때는 붙여 쓰지 않는다.

간단한 그림 그리기

아름다운 노래 부르기

쓸모 있는 주머니 만들기

강아지와 고양이 기르기

05 자주 혼동하는 띄어쓰기

그 밖의 일상생활에서 혼동하기 쉬운 띄어쓰기의 예를 보면 다음과 같다.

성씨

한국에는 김씨와 이씨 성이 가장 많다. (성씨를 나타낼 때에는 붙여 쓴다.)

이 씨가 집수리를 다 끝냈다. (이름을 생략하여 '이 아무개 씨'를 나타낼 때에는 띄어 쓴다.)

맨

맨손, 맨몸, 맨주먹, 맨발 ('아무 것도 없이 비어 있는'의 뜻이면 붙여 쓴다.)

맨 처음, 맨 나중, 맨 끝 ('제일'이라는 뜻이면 띄어 쓴다.)

잘살다

잘사는 사람들이 더 구두쇠다. ('부자다'라는 뜻이면 붙여 쓴다.)

그곳에 가서도 잘 살라고 인사를 했다. ('살다'는 뜻이면 띄어 쓴다.)

만하다

형만 한 아우 없다. (명사 뒤에서 조사로 쓰이면 붙여 쓴다.)

힘들지만 견딜 만하다. (앞말이 타당하거나 가능성이 있을 때 쓰이는 보조 형용사는 띄어 쓴다.)

못되다

못된 송아지 엉덩이에 뿔 난다. ('성질이 악하거나 덜되다'의 뜻이면 붙여 쓴다.)

한 바구니가 채 못 된다. ('모자라거나 부족하다'는 뜻이면 띄어 쓴다.)

안되다

실패했다니 참 안됐다. ('불쌍하다'의 뜻이면 붙여 쓴다.)

휴지를 길에 버리면 안 된다. (부정을 나타내는 경우에는 띄어 쓴다.)

연습문제

01 다음의 예문을 띄어쓰기의 원칙에 맞게 낱말마다 ∨ 표시를 해 보세요.

아시다시피우리나라에서는미국에서처럼남과여누구에게나동등한권리가 부여되고있습니다.

02 다음 문장 중 띄어쓰기에 바르지 않게 된 것을 모두 골라 바로잡으세요.

① 국어, 영어, 사회 등은 내가 좋아하는 과목이다. →

② 하늘, 땅, 물들을 조물주가 창조하셨다. →

③ 남자들과 여자들이 함께 입장하였다. →

④ 들판에는 보리, 수수, 콩등 곡식들이 익어가고 있다. →

⑤ 준영이는 말할때에 꼭 잘난체를 해서 친구들이 싫어한다. →

03 다음 중 띄어쓰기가 바르게 된 문장을 고르세요.

① 사과 하고 배 하고는 과일이다.

② 그 밖에도 먹을 수 있는 것들을 찾아보자.

③ 힘들어도 걸어갈만큼은 된다.

④ 개 같이 벌어서 정승 같이 쓴다.

⑤ 친구가 떠난지가 벌써 세시간째다.

04 다음 중 띄어쓰기가 잘못된 것을 모두 골라 바로잡으세요.

① 입구가 막혀버렸다. →

② 내가 해 볼게. →

③ 아는척 하지 마. →

④ 저녁을 먹고있는 중이야. →

⑤ 할아버지께서 차 한대를 구입하셨다. →

05 다음의 글에서 띄어쓰기가 원칙 상 잘못된 곳을 모두 찾아 바르게 고쳐 보세요.

① 흥부가 부자가 되었다는 소문을 들은 놀부는 몹시 심술이났습니다.

② 말과 글과 이름까지 빼앗아 우리의 민족혼을 말살시키려 혈안이되었던 일제였으나, 수천년을 이어온 우리의 뜨거운 민족정기만은 꺾을수가 없었다.

③ 그는 고향에서 까지도 득표율이 가장 낮았다.

④ 사람들은 그를 돕기는 커녕 비난하기 시작했다.

⑤ 놀부는 흥부네 처럼 박속에서 여러 가지 보물이 쏟아질 것을 기대하며 박을 탔습니다.

⑥ 그는 이 소식을 듣고, 몇몇동지들과 함께 이고장 젊은이들에게 민족정신을 키우기에 더욱노력하였습니다.

⑦ 제발 학교에서 만이라도 열심히 공부할수 없니?

⑧ 어느새 또 꽃피는 봄이 왔습니다 그려.

⑨ 문장은 어법에 맞게 바르고 정확해야한다. 그렇지않으면 뜻이 제대로 전달될 수가 없다.

⑩ 어린이공원에는 여러 가지 탈 것이 있어요.

06 다음 중 띄어쓰기가 바르게 된 것을 모두 고르세요.

① 아버지 구두를 닦아서드렸다.

② 고기는 알맞게 익혀내야 맛있단다.

③ 일이 될성 싶지가 않군.

④ 모양은 없어도 먹을 만은 해.

⑤ 남궁억씨가 바람 조차 이기지 못하고 쓰러졌다.

07 다음 중 띄어쓰기 원칙에 맞게 표기된 것에 O표 하세요.

① 너희들끼리 잘도 놀아만나는구나. (   )
너희들끼리 잘도 놀아만 나는구나. (   )

② 종이배가 강물에 떠내려가 버렸다. (   )
종이배가 강물에 떠내려가버렸다. (   )

③ 어머니께 받은 용돈을 서랍 속에 집어넣어두었다. (   )
어머니께 받은 용돈을 서랍 속에 집어넣어 두었다. (   )

④ 그럼, 한 번 덤벼들어보아라. (   ) 그럼, 한번 덤벼들어 보아라. (   )

⑤ 은영 씨, 어서 오세요. (   ) 은영씨, 어서 오세요. (   )

08 다음 문장에서 띄어쓰기가 잘못된 부분을 고쳐 써 보세요.

① 운전은 이씨가 할 것입니다. →

② 이영애 씨가 회사를 그만두었다고? →

③ 저는 경주 김가입니다. →

④ 경준씨는 독고 탁씨와 아는 사이인가요? →

⑤ 최치수선생님께서 들어오셨어요. →

09 다음 문장에서 띄어쓰기가 잘못된 것을 모두 고르세요.

① 팔굽혀펴기 ② 류머티즘성관절염 ③ 예쁜글쓰기

④ 아름다운서울만들기 ⑤ 날씬한 몸매가꾸기

10 다음 문장에서 띄어쓰기가 잘못된 것을 모두 골라 바로잡으세요.

① 못 난 놈 떡 하나 더준다. →

② 하는 짓을 보면 그 녀석 참 못 됐네. →

③ 잘 사는 사람일수록 저축을 더 많 이 한다는군. →

④ 그사람 보다야 내가 더 낫지. →

11 다음 중 '못'을 띄어 써야 할 것은?

① 이렇게 어려울 때는 못살던 시절을 기억하며 이겨 내자.

② 못된 송아지 엉덩이에 뿔 난다.

③ 아무래도 우리 언니는 시집을 못갈 것 같다.

④ 영미는 아직도 점심을 먹지 못했다.

⑤ 우리 집에는 못난이 인형 세 개가 있다.

12 다음 중 '맨'을 붙여 써야 할 것을 모두 고르세요.

① 맨 손　② 맨 끝　③ 맨 주먹　④ 맨 처음　⑤ 맨 발

13 띄어쓰기가 맞게 된 단어를 골라 문장을 완성시켜 보세요.

① 그가 (떠난지, 떠난 지) 일주일 만에 편지가 왔다.

② 감자찌기와 (달걀삶기, 달걀 삶기)

③ 언니는 얼마나 (울었던지, 울었던 지) 얼굴이 퉁퉁 부어 있었다.

④ 신발을 벗고 (맨발로, 맨 발로) 걸으면 건강에 좋다고 한다.

⑤ 우리 회사는 1년 동안 (괄목할 만한, 괄목할만한) 성장을 이루었다.

⑥ 아버지가 돌아가실 당시 언니는 (열세 살, 열세살) 소녀였다.

⑦ 우리는 미국에 (삼년 육개월간, 삼 년 육 개월간) 머물렀다.

14 다음 낱말 중 띄어쓰기가 잘못된 것은?

① 연필 한 자루　② 반 나절　③ 옷 한 벌　④ 소 한 마리　⑤ 고 씨 한 명

15 다음 낱말 중 띄어쓰기가 잘못된 것은?

① 이곳 저곳　② 한잔 술　③ 이리저리　④ 꽃잎 한잎　⑤ 잘난 체

정답

01 아시다시피∨우리나라에서는∨미국에서처럼∨남과 여∨누구에게나∨동등한∨권리가∨부여
되고∨있습니다.

02 ② 물들을 → 물 들을 ④ 콩등 → 콩 등 ⑤ 말할때에 → 말할 때에

03 ② (해설) ① 사과⌒하고 배⌒하고는 과일이다. ③ 힘들어도 걸어갈∨만큼은 된다.
④ 개⌒같이 벌어서 정승⌒같이 쓴다. ⑤ 친구가 떠난∨지가 벌써 세∨시간∨째다.

04 ③ 아는∨척⌒하지 마. ④ 저녁을 먹고∨있는 중이야. ⑤ 할아버지께서 차 한∨대를 구입하셨다.

05 ① 흥부가 부자가 되었다는 소문을 들은 놀부는 몹시 심술이∨났습니다.
② 말과 글과 이름까지 빼앗아 우리의 민족혼을 말살시키려 혈안이∨되었던 일제였으나,
수천∨년을 이어∨온 우리의 뜨거운 민족정기만은 꺾을∨수가 없었다.
③ 그는 고향에서⌒까지도 득표율이 가장 낮았다.
④ 사람들은 그를 돕기는⌒커녕 비난하기 시작했다.
⑤ 놀부는 흥부네⌒처럼 박∨속에서 여러 가지 보물이 쏟아질 것을 기대하며 박을 탔습니다.
⑥ 그는 이 소식을 듣고, 몇몇∨동지들과 함께 이∨고장 젊은이들에게 민족정신을 키우기에
더욱∨노력하였습니다.
⑦ 제발 학교에서⌒만이라도 열심히 공부할∨수 없니? ⑧ 어느새 또 꽃∨피는 봄이 왔습니다⌒그려.
⑨ 문장은 어법에 맞게 바르고 정확해야∨한다. 그렇지∨않으면 뜻이 제대로 전달될∨수가 없다.
⑩ 어린이∨공원에는 여러 가지 탈⌒것이 있어요.

06 ②, ④ (해설) ① 아버지 구두를 닦아서∨드렸다. ③ 일이 될∨성⌒싶지가 않군.
⑤ 남궁∨억∨씨가 바람⌒조차 이기지 못하고 쓰러졌다.

07 ① 너희들끼리 잘도 놀아만 나는구나 ② 종이배가 강물에 떠내려가 버렸다.
③ 어머니께 받은 용돈을 서랍 속에 집어넣어 두었다.
④ 그럼, 한번 덤벼들어 보아라. ⑤ 은영 씨, 어서 오세요

08 ① 운전은 이∨씨가 할 것입니다. ④ 경준∨씨는 독고 탁∨씨와 아는 사이인가요?
⑤ 최치수∨선생님께서 들어오셨어요.

09 ③ 예쁜∨글∨쓰기 ④ 아름다운∨서울∨만들기 ⑤ 날씬한 몸매∨가꾸기.

10 ① 못⌒난 놈 떡 하나 더∨준다. ② 하는 짓을 보면 그 녀석 참 못⌒됐네.
③ 잘⌒사는 사람일수록 저축을 더 많이 한다는군. ④ 그∨사람⌒보다야 내가 더 낫지.

11 ③

12 ①, ③, ⑤

13 ① 떠난 지 ② 달걀삶기 ③ 울었던지 ④ 맨발로 ⑤ 괄목할 만한 ⑥ 열세 살 ⑦ 삼 년 육 개월간

14 ②

15 ④ 꽃잎 한∨잎

03

혼동하기 쉬운 말

1 뜻이 다른 말 구별하여 적기

다음 말들은 각각 구별하여 적는다.

• 가게와 가계

가게

작은 규모로 물건을 파는 집. 길거리에 임시로 물건을 벌여 놓고 파는 곳.

예) 가게에 가서 비누 하나만 사다 줘.

가계(家計)

한 집안 살림의 수입과 지출의 상태. 집안 살림을 꾸려 나가는 방도나 형편.

예) 과도한 지출로 가계는 적자가 되었다.

• 가름과 갈음

가름

따로따로 갈라 놓는 일.

예) 둘로 가르다. 편을 가르다.

갈음

원래 것을 대신하거나 대체하는 것.

예) 연하장으로 세배를 갈음한다.

• 같이와 가치

같이

둘 이상의 사람이나 사물이 함께. 어떤 상황이나 행동 따위와 다름이 없이.

예) 우리 모두 같이 여행을 갑시다.

가치

사물이 지니고 있는 쓸모. 대상이 인간과의 관계에 의하여 지니게 되는 중요성.

예) 이건 상품 가치가 정말 좋다.

• 개념과 괘념

개념 (概念)

어떤 사물이나 현상에 대한 일반적인 지식.

예) 신문을 많이 읽다 보면 현대 사회에 대한 개념이 생긴다.

괘념 (掛念)

마음에 두고 걱정하거나 잊지 않음.

예) 대수로운 일도 아니니 너무 괘념 마시고 마음 편히 가지세요.

• 거름과 걸음

거름

식물이 잘 자라게 하기 위하여 땅에 뿌리거나 흙에 섞는 영양 물질. 비료.

예) 밑거름이 되다. 오늘은 거름을 주어라.

걸음

두 발을 번갈아 떼어 옮기는 동작.

예) 걸음이 빠르다. 걸음마를 떼다.

- 거치다와 걷히다

거치다

어떤 곳을 지나거나 잠깐 들르다. 과정이나 단계를 겪다.

예) 우체국을 거쳐서 집으로 갔다.

걷히다

가려져 있던 것이 없어지거나, 흩어져 있던 것들을 거두게 되다.

예) 외상값이 잘 걷힌다. 안개가 걷힌다.

- 걷잡다와 겉잡다

걷잡다

한 방향으로 흘러가는 형세 따위를 붙들어 잡다. 마음을 진정하거나 억제하다.

예) 걷잡지 못할 상태가 발생한다.

겉잡다

겉으로 보고 대강 어림잡다.

예) 겉잡아서 50명은 되겠다.

- 격앙과 격양

격앙(激昂)

기운이나 감정 따위가 격렬히 일어나 높아짐.

예) 그는 격앙된 어조로 소리쳤다.

격양(激揚)

기운이나 감정 따위가 세차게 일어나 들날림.

예) 선거 유세장에 모인 사람들의 얼굴에는 격양의 빛이 만연했다.

• 결재와 결제

결재

결정권을 가진 윗사람이 아랫사람이 제출한 안건을 검토하여 허가하거나 승인함.

예) 김 대리가 결재 서류를 가지고 팀장실로 들어갔다.

결제

일을 처리하여 끝냄. 대금을 주고받아 매매 당사자 사이의 거래 관계를 끝냄.

예) 신용카드보다는 체크카드로 결제하는 것이 좋겠어.

• 공략과 공약

공략(攻略)

군대의 힘으로 적의 영토나 진지를 공격하여 빼앗음.

적극적인 자세로 어떤 영역 따위를 차지함.

예) 이 제품으로 해외 시장 공략에 성공했다.

공약(公約)

정부, 정당, 입후보자 등이 어떤 일에 대하여 국민에게 실행할 것을 약속함.

예) 이 안건을 공약으로 내세웁시다.

• 공포와 공표

공포(公布)

일반 대중에게 널리 알림.

이미 확정된 법률, 조약, 명령 따위를 일반 국민에게 널리 알리는 일.

예) 헌법 개정안을 공포하였다.

공표(公表)

여러 사람에게 널리 드러내어 알림.

예) ㅇㅇ기업에서는 가격 인상 계획을 공표했다.

• 꽂다와 꼽다

꽂다

쓰러지거나 빠지지 않도록 박아 세우거나 끼우다.

예) 꽃을 꽃병에 꽂다.

꼽다

숫자 등을 세기 위해 손가락으로 하나씩 헤아리다. 골라서 지목하다.

예) 스마트폰에 가장 영향력 있는 인물을 꼽는다면 스티브 잡스가 유력하지.

• 너머와 넘어

너머

집 · 담 · 산 · 고개 같은 높은 것의 저쪽. 동사 '넘다'에서 파생된 명사이다.

예) 고개 너머 마을. 강 너머 저편.

넘어

넘는 행위를 함. '넘다'라는 동사에 '–아/어'형 어미가 연결된 형태.

예) 물이 넘어 수도꼭지를 잠갔다. 담을 넘어 집으로 들어갔다.

• 노름과 놀음

노름

돈을 걸고 화투 따위로 서로 따먹기를 내기하는 일.

예) 노름판이 벌어졌다.

그 노름꾼은 어느 도박판이든 귀신같이 알고 찾아왔다.

놀음

모여서 즐겁게 노는 일.

예) 이제 신선놀음도 끝이로구나. 아이들은 놀이터에서 놀았다.

파생된 말

노리개 : 심심풀이로 가지고 노는 물건. 놀잇감 : 놀이에 활용할 물건이나 재료.

• 놀라다와 놀래다

놀라다
뜻밖의 일을 당하여 가슴이 설레다. 갑자기 무서운 것을 보고 겁을 내다.
예) 놀란 가슴을 진정했다. 깜짝 놀랐다.

놀래다
'놀라다'의 사동사. 남을 놀라게 하다.
예) 민호는 수현이를 놀래 주려고 뒤에서 살금살금 다가갔다.

• 느리다, 늘이다, 늘리다

느리다
움직임이나 일을 해내는 속도가 더디다.
예) 걸음이 느리다.

늘이다
본래의 것보다 더 길게 하다.
예) 고무줄을 늘인다.

늘리다
늘게 하다.
예) 재산을 늘리다.

• 다리다와 달이다

다리다
다리미 등으로 주름이나 구김을 펴다.
예) 양복을 다린다.

달이다
끓여서 진하게 하거나 약제에 물을 부어 잘 우러나오도록 끓이다.
예) 간장을 달인다. 한약을 달인다.

• 다치다, 닫히다, 닫치다

다치다

부딪치거나 맞거나 하여 부상을 입다.

예) 넘어져서 무릎을 다쳤다.

닫히다

'닫다'의 피동사. 열려 있던 것이 도로 제자리로 가도록 '닫음'을 당하다.

예) 문이 바람에 닫혔다.

닫치다

문이나 뚜껑, 서랍 등을 힘주어 세게 닫다. 입을 굳게 다물다.

예) 그는 화가 나서 문을 힘껏 닫치고 나갔다.

• –대, –데

– 대

이미 알고 있거나 누군가에게 들은 이야기를 상대방에게 옮겨 전할 때나,
또는 상대방이 다른 누군가에게 내용을 확인하기 위하여 물을 때 쓰는 말.
'– 다고 해'가 준말. 주로 구어체에 쓰인다.

예) 민수는 어제 야근했대? 동수는 어제 야근했대.
　　왜 이렇게 일이 많대?

– 데

자신이 과거에 경험한 사실을 회상하여 상대에게 일러 줄 때 쓰는 말.
'~더라'의 뜻.

예) 제주도는 정말 경치가 참 좋데.
　　그 사람 말을 아주 잘하데.

• 돋구다와 돋우다

돋구다

안경의 도수 따위를 더 높게 하다.

예) 눈이 침침한 걸 보니 안경의 도수를 돋굴 때가 됐군.

돋우다

위로 끌어 올려 도드라지거나 높아지게 하다.

예) 동생은 발끝을 돋우어 창 밖을 내다보았다.

그런 행동이 나의 화를 돋우는구나.

• 드러내다와 들어내다

드러내다

드러나게 하다.

예) 마음속을 드러내 보일 수도 없고 답답하다.

들어내다

물건을 들어서 밖으로 옮기다. 사람을 있는 자리에서 쫓아내다.

예) 쓰지 않는 물건은 사무실 밖으로 들어내십시오.

• 드리다와 들이다

드리다

웃어른에게 어떤 물건을 건네거나 축하의 인사 따위를 하다.

예) 어머님께 꽃을 드린다.

들이다

안으로 들게 하다.

예) 손님을 방에 들인다.

• 들르다와 들리다

들르다

지나는 길에 잠깐 들어가 머무르다.

예) 학교 끝나고 떡볶이 가게에 잠깐 들러서 요기를 했다.

들리다

'듣다'의 피동사.

예) 소라 껍데기를 귀에 대니 파도 소리가 들렸다.

• 마치다, 맞히다, 맞추다

마치다

하던 일을 끝내다. 끝마치다.

예) 이것으로 회의를 마칩니다.

맞히다

'맞다'의 사동사. 맞는 답을 내놓다.

예) 정답을 맞힌다. 로또 번호를 맞히다.

맞추다

두 개를 서로 비교해서 일치시키다. 어떤 기준이나 대상과 비교하여 같게 하다.

예) 답을 맞추어 본다.

카메라의 초점을 맞추다.

아이들과 눈높이를 맞추는 게 중요해.

• 맞춤과 마춤

맞춤

서로 떨어져 있는 부분을 제자리에 맞게 대어 붙임.

물건을 만들도록 미리 주문하여 만듦. 또는 그렇게 만든 물건.

예) 이 자리에는 맞춤 가구를 하는 게 낫겠어. 여기에 안성맞춤이군!

마춤

맞춤의 잘못.

예) '맞춤'을 잘못 쓴 말이 '마춤'이야.

• 며칠과 몇 일

며칠

그 달의 몇째 되는 날. 몇 날.

예) 오늘이 며칠이지?

몇 일

며칠의 잘못.

예) '며칠'을 '몇 일'로 잘못 쓰는 실수를 하지 마.

• 목거리와 목걸이

목거리

목이 붓고 아픈 병.

예) 목거리(병)가 잘 낫지 않는다.

목걸이

목에 거는 물건. 여자들이 목에 거는 장식품.

예) 어머니는 늘 목걸이를 걸고 다니신다.

• 묻히다와 무치다

묻히다

보이지 않게 덮어지다. 무엇인가를 들러붙게 하거나 흔적이 남게 하다.

예) 지하에 묻힌 자원이 풍부하다. 떡에 팥고물을 묻히다.

무치다

양념하여 버무려 맛을 내다.

예) 나물은 참기름으로 무쳐야 맛이 좋아요.

• 바치다, 받치다, 받히다, 밭치다, 밭이다

바치다

신이나 웃어른께 드리다. 자신의 마음과 몸을 남을 위해서 아낌없이 내놓다.

예) 나라를 위해 목숨을 바쳤다. 재물을 바친다.

받치다

치밀어 오르다. (무엇을) 끼워 넣다. 우산이나 양산 등을 펴서 들다.

예) 기둥 밑을 돌로 받친다. 우산을 받치고 간다.

받히다

떠받음을 당하다.

예) 쇠뿔에 받혔다. 트럭에 받혔다.

밭치다

'밭다'를 강조하는 말로, 건더기와 액체가 섞인 것을 체 따위로 쳐서 액체만 받아 내다.

예) 믹서에 갈아 즙만 체에 밭친다.

밭이다

'밭다'의 피동사

예) 팥을 갈아 체에 밭인다.

• 반드시와 반듯이

반드시

꼭. 틀림없이. 예외 없이.

예) 약속은 반드시 지켜라.

반듯이

비뚤어지거나 기울지 않고 바르게.

예) 고개를 반듯이 들어라.

• 배기와 박이

배기

(어린아이의 나이를 나타내는 명사구 뒤에 붙어) '그 나이를 먹은 아이'를 나타냄.

(몇몇 명사 뒤에 붙어) '그것이 들어 있거나 차 있음'을 나타냄.

예) 돌배기, 두 살 배기, 진짜배기, 알배기

박이

무엇이 박혀 있는 사람이나 짐승, 물건 또는 한곳에 고정되어 있는 것을 나타낸다.

예) 금니박이, 차돌박이, 점박이, 붙박이

• 벌이다와 벌리다

벌이다

일을 시작하거나 펼쳐 놓다. 여러 개의 물건을 죽 늘어놓다. 가게를 차리다.

예) 잔치를 벌이다. 물건들을 벌여 놓다. 가게를 벌이다.

벌리다

사이를 넓히다. 속에 있는 것을 드러내어 펴다.

예) 팔을 벌리면서 달려왔다.

• 부딪치다와 부딪히다

부딪치다

'부딪다'를 강조하는 말로 서로 힘있게 마주 닿다.

예) 차와 차가 마주 부딪쳤다. 서로 손을 부딪쳤다.

부딪히다

부딪침을 당하다.

예) 자전거에 부딪혔다.

• 부치다와 붙이다

부치다

힘이나 실력이 미치지 못하다. 부채 같은 것을 흔들어서 바람을 일으키다.

편지나 물건을 보내다. 논밭을 다루어서 농사를 짓다.

예) 힘에 부치는 일이라면 하지 마라. 부채를 부쳐 땀을 좀 식혀라.

책을 소포로 부쳐라. 논 열 마지기를 부친다.

붙이다

붙게 하다. 서로 맞닿게 하다. 불이 옮아서 타게 하다. 딸려 붙게 하다.

습관이나 취미 등이 몸에 붙게 하다. 이름을 가지게 하다.

예) 우표를 붙인다. 책상을 벽에 붙였다.

불을 붙인다. 취미를 붙인다. 별명을 붙인다.

• 비끼다와 비키다

비끼다

비스듬히 놓이거나 지나가다. 비스듬히 비치다.

예) 태풍이 우리나라를 비껴갔다. 얼굴에 어두운 그림자가 비끼었다.

비키다

무엇을 피하여 있던 곳에서 한쪽으로 자리를 조금 옮기다.

예) 자동차 소리에 깜짝 놀라 옆으로 비켰다.

• 사단과 사달

사단(事端)

사건의 단서. 또는 일의 실마리.

예) 그것이 사단이 되어 결국 일이 터지고 말았다.

사달

사고나 탈.

예) 일이 꺼림칙하게 되어 가더니만 결국 사달이 났네.

- 산림과 삼림

산림(山林)

산과 숲. 또는 산에 있는 숲.

예) 마구잡이로 쓰레기를 버리면 산림이 훼손된다.

삼림(森林)

나무가 많이 우거진 숲.

예) 정부에서는 삼림의 벌목을 금지하고 있다. 삼림지대.

- 세우다와 새우다

세우다

똑바로 서게 하다. 움직이는 것을 멈추게 하다.

예) 앉아 있는 아이를 세우다. 버스를 세웠다.

새우다

밤새 자지 않고 뜬눈으로 밝히다.

예) 보고서를 작성하느라고 밤을 새웠다.

- 시키다와 식히다

시키다

(무엇을) 하게 하다.

예) 시키는 대로 하세요.

식히다

식게 하다.

예) 뜨거운 물을 식힌다.

• 신변과 신병

신변 (身邊)

몸과 몸의 주위.

예) 신변에 위험을 느껴 경찰에 신변 보호를 요청했다.

신병 (身柄)

보호나 구금의 대상이 되는 본인의 몸.

예) 용의자의 신병을 확보했다.

• 아름, 알음, 앎

아름

두 팔을 벌려서 껴안은 둘레의 길이.

예) 세 아름 되는 둘레.

알음

아는 것.

예) 알음알음, 알음알이. 전부터 알음이 있는 사이.

앎

'알다'의 명사형.

예) 바로 앎이 중요하다.

• 안–과 않–

안–

용언의 앞에 쓰여 반대나 부정의 뜻을 나타내는 말로, 본말은 '아니'.

예) 절대 그래서는 안 돼.

않–

동사나 형용사 아래에 붙어 부정의 뜻을 더해 주는 보조 용언 '아니하–'의 준말.

예) 오늘부터 7시 이후에는 먹지 않을 거야.

• 안치다와 앉히다

안치다

끓이거나 찔 물건을 솥에 넣다.

예) 밥을 안친다.

앉히다

앉게 하다. 어떤 지위를 차지하게 하다.

예) 그 아이를 자리에 앉혀라. 대표이사로 앉히다.

어떡해, 어떻게, 어떠해

어떡해

'어떠하게(어떻게) 해.'란 뜻의 동사구가 줄어든 말.

예) 나 어떡해. 물건을 못 쓰게 해 놓으면 어떡하니?

어떻게

'어떠하다(어떻다)'에 '게'가 결합하여 만들어진 부사로 동사를 수식한다.

예) 너 어떻게 된 거야? 일을 어떻게 그렇게 할 수가 있어?

어떠해

'어때'의 본말. 원형은 '어떠하다'이고 '어떠하다'의 준말은 '어떻다'이다.

예) 너의 건강은 어떠해? 책의 내용이 어떠합니까?

• 어름과 얼음

어름

두 물건이 맞닿는 자리나 두 물건의 한가운데.

예) 바다와 하늘이 닿은 어름이 수평선이다. 해가 산 어름에 걸려 있다.

얼음

물이 얼어서 된 고체.

예) 얼음이 얼다. 얼음물 한 잔.

• 오랜만과 오랫만

오랜만

오래간만(어떤 일이 있은 때로부터 긴 시간이 지난 뒤)의 줄임 말.

예) 오랜만에 친구를 만나니까 참 좋았어.

오랫만

오랜만의 잘못.

예) '오랫만'은 '오랜만'을 잘못 쓴 말이지?

• 오랫동안과 오랜동안

오랫동안

시간상으로 썩 긴 동안.

예) 오랫동안 기다렸던 만남이 이루어지는 순간이네.

오랜동안

오랫동안의 잘못.

예) '오랜동안'이라는 말은 없어.

• 왠지와 웬일인지

왠지

왜 그런지 모르게. 뚜렷한 이유도 없이.

예) 그 이야기를 듣자 왠지 불길한 예감이 들었다.
오늘따라 왠지 그 남자가 멋있어 보인다.

웬일인지

'어찌 된 일'이라는 뜻의 명사 '웬일'이라는 단어에서 나온 '어찌된', '어떠한'이라는 뜻의 관형사

예) 네가 여긴 웬일이니? 웬걸, 말도 마라.

• 우기다와 욱이다

우기다

억지를 부려 제 의견을 고집스럽게 내세우다.

예) 영수는 그 돈을 주운 것이 아니라고 우겼다.

욱이다

'욱다(안쪽으로 조금 우그러져 있다)'의 사동사

예) 왼쪽 모서리를 조금만 욱여서 넣어 봐.

• 이따가와 있다가

이따가

조금 지난 뒤에.

예) 이따가 오너라.

있다가

'있다'의 '있-'에 어떤 동작이나 상태가 끝나고 다른 동작이나 상태로 옮겨지는 뜻을 나타내는 '-다가'가 붙은 것이다.

예) 여기에 있다가 갔다.

• 저리다와 절이다

저리다

살이나 뼈마디가 오래 눌려 피가 잘 돌지 못해서 힘이 없고 감각이 둔하다.

근육이나 뼈마디가 쿡쿡 쑤시듯이 아프다.

예) 너무 오래 꿇어앉아 있었더니 발이 저리다.

절이다

식초나 소금 등을 넣어 절게 하다.

예) 배추를 절인다. 생선을 절인다.

• 저버리다와 져 버리다

저버리다

마땅히 지켜야 할 도리나 의리를 잊거나 어기다.

약속을 저버리다. 신뢰를 저버리다.

예) 나는 대의를 저버리고 가만히 있을 수가 없었어.

져 버리다

앞말이 나타내는 행동이 이미 끝났음을 나타내는 말.

동사 '지다'와 보조 동사 '버리다'의 합성어.

예) 결국 그날 경기에서 져 버리고 말았다.

• 젖히다와 제치다

젖히다

안쪽이 겉면으로 나오게 하다. 몸의 윗부분이 뒤로 젖게 하다.

예) 형이 대문을 열어 젖히고 들어왔다. 몸을 뒤로 젖히면서 소리를 질렀다.

제치다

거치적거리지 않도록 치우다. 어떤 대상이나 범위에서 빼다.

예) 이불을 옆으로 제쳐 놓았다. 앞 사람을 제치고 선두에 나섰다.

• 조리다와 졸이다

조리다

생선이나 고기, 채소 등을 양념하여 국물이 줄어들게 바짝 끓이다.

예) 장조림, 통조림. 생선을 양념장에 조린다.

졸이다

속을 태우다시피 마음을 초조하게 먹다.

예) 마음을 졸인다고 해서 될 일이 아니다. 너무 오래 끓여서 국물이 졸았다.

• 주리다와 줄이다

주리다

먹을 만큼 먹지 못하여 배곯다. 굶주리다.

예) 오래 주리며 살았다.

줄이다

줄게 하다. '줄다'의 사동사

예) 양을 줄인다. 몸무게를 줄여야 해.

• 흡인과 흡입

흡인 (吸引)

빨아들이거나 끌어당김.

예) 영수에게는 사람들을 끄는 흡인력이 있다.

흡입 (吸入)

기체나 액체 따위를 빨아들이거나 생각이나 감정 따위에 빠짐.

예) 유독 가스를 흡입했다.

2 틀리게 쓰기 쉬운 말 구별하여 적기

01 '-더라, -던' / '-든지'

지난 일을 나타내면 '-더라, -던'으로 적는다.

지난겨울은 몹시 춥더라. (○)	지난겨울은 몹시 춥드라. (×)
하던 일을 계속해라. (○)	하든 일을 계속해라. (×)
그렇게 좋던가? (○)	그렇게 좋든가? (×)
그 사람 말 잘하던데! (○)	그 사람 말 잘하든데! (×)
얼마나 급했던지 옷도 거꾸로 입고 나왔다. (○)	얼마나 급했든지 옷도 거꾸로 입고 나왔다. (×)
공놀이가 얼마나 재미있던지…. (○)	공놀이가 얼마나 재미있든지…. (×)
밥을 얼마나 먹던지 말이야! (○)	밥을 얼마나 먹든지 말이야! (×)

'-더'와 '-던'은 과거에 경험하여 알게 된 사실을 현재로 옮겨 그대로 전달할 때 쓰인다. 이때의 '-더-'와 '-던'을 '-드-', '-든'으로 잘못 쓰지 않도록 주의한다.

오랜만에 만났더니 반갑더라.
선생님도 이젠 늙으셨더구나.
그림을 잘 그렸던데 여기에 걸자.
선생님은 교실에 계시던걸.

물건이나 일의 내용을 가리지 않는다'는 뜻을 나타내면 '-든지'로 적는다.

밤이든지 대추든지 마음대로 가져가라. (○)	밤이던지 대추던지 마음대로 가져가라. (×)
가든지 오든지 마음대로 해라. (○)	가던지 오던지 마음대로 해라. (×)
어떻게 생각하든지 상관없어. (○)	어떻게 생각하던지 상관없어. (×)
뭐라고 말하든지 믿을 수 없어. (○)	뭐라고 말하던지 믿을 수 없어. (×)
편지를 쓰든지 말든지 마음대로 해. (○)	편지를 쓰던지 말든지 마음대로 해. (×)
노래를 부르든지 춤을 추든지 해 봐. (○)	노래를 부르던지 춤을 추던지 해 봐. (×)
무엇을 그리든지 잘만 그려라. (○)	무엇을 그리던지 잘만 그려라. (×)
어디에 있든지 이곳을 잊지는 마. (○)	어디에 있던지 이곳을 잊지는 마. (×)
빵이든 우유든 좀 먹어. (○)	빵이던 우유던 좀 먹어. (×)

선택의 의미를 지닌 '-든지', '-든'을 과거 경험과 관계된 '-던지', '-던'과 혼동하지 않도록 주의한다.

사과를 먹든지 감을 먹든지 하렴.
가든(지) 말든(지) 상관없다.

02 그러므로 / 그럼으로(써)

'그러니까, 그런 이유로, 그렇기 때문에'의 뜻으로, 앞의 내용이 뒤의 내용의 이유나 원인, 근거가 되면 '그러므로'로 적는다.

그러니까

그는 성실하다. 그러므로 인정을 받는다. (○)

그는 성실하다. 그럼으로 인정을 받는다. (×)

그렇기 때문에

규정이 그러므로, 이를 어길 수 없다. (○)

규정이 그럼으로, 이를 어길 수 없다. (×)

'그렇게 함으로(써), 그렇게 하는 것으로(써), 그렇게 하는 것 때문에'라는 뜻을 나타내면 '그럼으로(써)'로 적는다.

그렇게 함으로(써)

네가 원하는 것은 뭐든 할 거야. 그럼으로써 용서를 구해야지. (○)

네가 원하는 것은 뭐든 할 거야. 그러므로 용서를 구해야지. (×)

그렇게 하는 것으로(써)

그는 열심히 공부한다. 그럼으로써 은혜에 보답한다. (○)

그는 열심히 공부한다. 그러므로 은혜에 보답한다. (×)

그렇게 하는 것 때문에

네가 그럼으로(써), 더 미움을 받는 거야. (○)

네가 그러므로, 더 미움을 받는 거야. (×)

03 ‘-(으)로서’ / ‘-(으)로써’

‘어떤 지위나 신분, 자격을 가진 입장에서’라는 뜻을 나타내면 ‘-(으)로서’로 적는다.

사람으로서 그럴 수는 없다.(○)	사람으로써 그럴 수는 없다.(×)
엄마로서 가족의 건강을 책임진다. (○)	엄마로써 가족의 건강을 책임진다. (×)
정치인으로서의 책임과 학자로서의 임무. (○)	정치인으로써의 책임과 학자로써의 임무. (×)

‘재료, 수단, 방법’을 나타내면 ‘-(으)로써’로 적는다.

톱으로써 나무를 자른다. (○)	톱으로서 나무를 자른다. (×)
닭으로써 꿩을 대신했다. (○)	닭으로서 꿩을 대신했다. (×)
말로써 사람을 죽일 수도 있다. (○)	말로서 사람을 죽일 수도 있다. (×)

04 -노라고 / -느라고

‘자기 나름으로는 한다고’라는 뜻을 나타내면 ‘하노라고’로 적는다.

하노라고 하였다. (○)	하느라고 하였다. (×)
쓰노라고 쓴 게 이 모양이다. (○)	쓰느라고 쓴 게 이 모양이다. (×)

‘하는 일로 인하여’라는 뜻을 나타내면 ‘하느라고’로 적는다.

소설을 읽느라고 밤을 새웠다. (○)	소설을 읽노라고 밤을 새웠다. (×)
자느라고 못 갔다. (○)	자노라고 못 갔다. (×)

05 일체 / 일절

'모든 것, 온갖 것'을 뜻하면 '일체'로 적는다.

음료 종류의 일체를 갖추었다. (○)	음료 종류의 일절을 갖추었다. (×)

'아주, 절대로, 결코'를 나타내면 '일절'로 적는다.

면회는 일절 금지합니다. (○)	면회는 일체 금지합니다. (×)

한자어 '-切'에서 '切'은 '끊을 절', '모두 체'의 두 가지 뜻과 음을 갖고 있다.

06 '-(으)므로' / '(ㅁ, -음)으로(써)'

'까닭'을 나타낼 때는 '-(으)므로'로 쓰이며, 명사 뒤에서 '수단, 방법'을 나타내면 '(ㅁ, -음)으로(써)'로 적는다. '-(으)므로'에 '써'가 붙은 것은 없다.

책이 없으므로 공부를 못 한다. (○)	책이 없으므로써 공부를 못 한다. (×)
그는 늘 웃음으로(써) 대한다. (○)	그는 늘 웃으므로써 대한다. (×)

07 체 / 채

'그럴듯하게 꾸미는 거짓 태도'를 뜻하면 '체'로 적는다. '체'는 '척'과 바꾸어 쓸 수 있다.

잘난 체 마시오. (○)	잘난 채 마시오. (×)
본체만체(본척만척)하더군. (○)	본채만채하더군. (×)

'이미 있는 상태 그대로'의 뜻을 나타내면 '채'로 적는다.

서 있는 채로 이야기를 듣는다. (○)	서 있는 체로 이야기를 듣는다. (×)
먹지도 못한 채 그냥 왔어. (○)	먹지도 못한 체 그냥 왔어. (×)

08 틀리다 / 다르다

'셈이나 사실 · 이치 따위가 맞지 않거나 마음이나 행동이 올바르지 않고 비뚤어지다'라는 뜻을 나타내면 '틀리다'라고 적는다.

답안지를 잘못 써서 문제를 틀려 버렸어. (○)

우리는 이란성 쌍둥이여서 얼굴이 틀려. (×) → 달라

쌍둥이인데 얼굴이 틀리네? (×) → 다르네

'같지 않다, 혹은 특별히 표나는 데가 있다'라는 뜻을 나타내면 '다르다'라고 적는다.

야구공이랑 농구공은 크기도 쓰임새도 달라. (○)

너는 나하고 생각이 다르구나! (○)

기술자는 역시 틀리네! (×) → 다르네

3 그 밖의 혼동하기 쉬운 말 바르게 쓰기

01 웃- / 윗-

'웃-'과 '윗-'은 명사 '위'에 맞추어 '윗-'으로 통일하여 적는다.

O	X
윗눈썹	웃눈썹
윗니	웃니
윗도리	웃도리
윗목	웃목

O	X
윗배	웃배
윗수염	웃수염
윗입술	웃입술
윗잇몸	웃잇몸

다만, 'ㄲ, ㄸ, ㅃ, ㅆ, ㅉ' 등의 된소리나 'ㅋ, ㅌ, ㅍ, ㅊ, ㅎ' 등의 거센소리 앞에서는 '-위'로 적는다.

O	X
위짝	웃짝
위쪽	웃쪽
위채	웃채

O	X
위층	웃층
위팔	웃팔
위턱	웃턱

또한 '아래, 위'의 대립이 없는 단어는 '웃-'으로 적는다. 다시 말해, '윗목-아랫목', '윗자리-아랫자리'처럼 '위-아래'의 대립이 있을 때에는 '윗'으로 하고 그렇지 않을 때에만 '웃'으로 한다.

O	X
웃돈	윗돈
웃어른	윗어른
웃옷 (겉에 입는 옷)	윗옷

02 -이 / -히

끝음절의 소리가 '이'로만 나는 것은 '-이'로 적고, '히'로만 나거나 '이' 또는 '히'로 나는 것은 '-히'로 적는다.

'이'로만 나는 것

'겹겹이, 줄줄이, 샅샅이, 짬짬이'처럼 첩어로 이루어진 명사 뒤, '번듯이, 지긋이, 버젓이'처럼 'ㅅ' 받침 뒤, '가벼이(가볍다), 괴로이(괴롭다), 새로이(새롭다)'처럼 'ㅂ' 불규칙 용언 어간 뒤, '-하다'가 붙지 않는 용언 어간 뒤(같이, 굳이, 깊이, 헛되이), 부사 뒤(더욱이, 일찍이)에서는 '이'로 적는다.

가까이	겹겹이	고이	깨끗이
나붓이	날카로이	느긋이	대수로이
따뜻이	많이	반듯이	버젓이
번거로이	번번이	산뜻이	의젓이
일일이	집집이	틈틈이	헛되이

‘히’로만 나는 것

극히	급히	딱히	속히
족히	특히	엄격히	정확히

‘이, 히’로 나는 것

‘극히, 급히, 간편히, 꼼꼼히, 고요히’처럼 ‘-하다’가 붙는 어근 뒤에서는 ‘히’로 적는다. 이 중 ‘도저히, 무단히, 열심히’ 등은 널리 사용되지는 않지만 ‘도저(到底)하다, 열심(熱心)하다’처럼 ‘-하다’가 붙는 어근에서 나온 것이다.

가만히	각별히	간소히	간편히	공평히
공히	과감히	급급히	꼼꼼히	나른히
능히	답답히	당당히	도저히	무단히
분명히	상당히	섭섭히	소홀히	솔직히
심히	쓸쓸히	열심히	정결히	조용히

03 한자어

한자어에서 원래 음으로 나는 것은 원래 음대로, 습관이 된 소리로 나는 것은 습관이 된 소리 그대로 적는다.

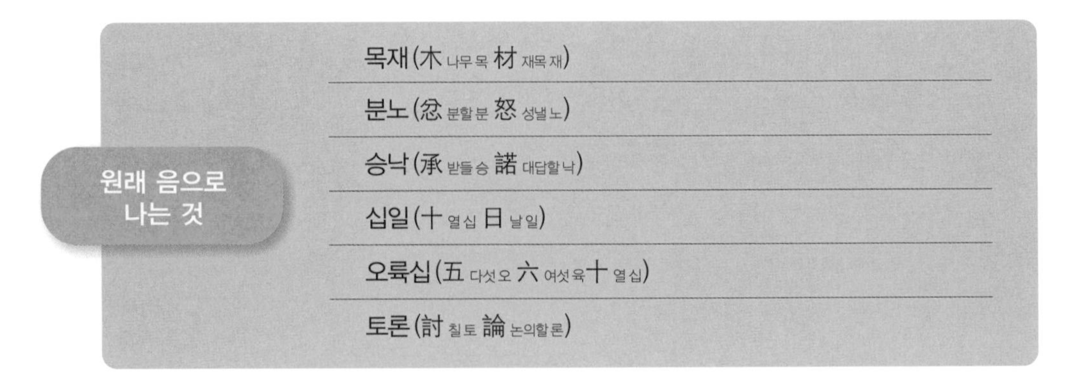

원래 음으로 나는 것	
	목재(木 나무 목 材 재목 재)
	분노(忿 분할 분 怒 성낼 노)
	승낙(承 받들 승 諾 대답할 낙)
	십일(十 열 십 日 날 일)
	오륙십(五 다섯 오 六 여섯 육 十 열 십)
	토론(討 칠 토 論 논의할 론)

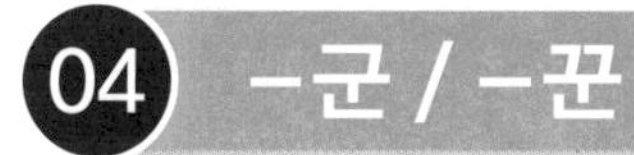

습관이 된 소리로 나는 것
모과(木 나무 목 瓜 오이 과)
수락(受 받을 수 諾 대답할 낙)
시월(十 열 십 月 달 월)
오뉴월(五 다섯 오 六 여섯 육 月 달 월)
의논(議 의논할 의 論 논의할 론)
허락(許 허가 허 諾 대답할 낙)
희로애락(喜 기쁠 희 怒 성낼 노 哀 슬플 애 樂 즐거울 락)

'십일'은 원래 음대로 적지만 '십월'은 습관이 된 소리인 '시월'로 적는 것이 맞다. '육일'도 마찬가지로 원래 음대로 적지만 '유월'은 습관이 된 소리대로 적는다.

04 -군 / -꾼

'-군/-꾼'은 '꾼'으로 통일하여 적는다.

구경꾼(○)	구경군(×)	
나무꾼(○)	나무군(×)	나뭇군(×)
낚시꾼(○)	낚시군(×)	낚싯군(×)
농사꾼(○)	농사군(×)	
사기꾼(○)	사기군(×)	사깃군(×)
심부름꾼(○)	심부름군(×)	
일꾼(○)	일군(×)	
장난꾼(○)	장난군(×)	
재주꾼(○)	재주군(×)	재줏군(×)
주정꾼(○)	주정군(×)	
짐꾼(○)	짐군(×)	
훼방꾼(○)	훼방군(×)	

05 그 밖의 된소리 접미사

'-갈/-깔'은 '깔'로, '-대기/-때기'는 '때기'로, '-굼치/-꿈치'는 '꿈치'로 통일하여 적는다.

'-적다/-쩍다'는 [적다]로 발음되는 경우는 '적다'로 적고, [쩍다]로 발음되는 경우는 '쩍다'로 적는다.

'-배기/-빼기'처럼 혼동될 수 있는 단어는 [배기]로 발음되는 경우(귀퉁배기, 주정배기, 육자배기)는 '배기'로 적고, [빼기]로 발음되는 것은 모두 '빼기'로 적는다. 다만, [빼기]로 발음되더라도 '뚝배기'처럼 'ㄱ, ㅂ' 받침 뒤에 올 경우에는 '배기'로 적는다.

객쩍다(○)	객적다(×)	
거적때기(○)	거적대기(×)	
겸연쩍다, 계면쩍다(○)	겸연적다(×)	
곱빼기(○)	곱배기(×)	
귀때기(○)	귓대기(×)	
때깔(○)	땟갈(×)	
맛깔(○)	맛갈(×)	
멋쩍다(○)	멋적다(×)	
발뒤꿈치(○)	발뒷굼치(×)	
배때기(○)	뱃대기(×)	
볼때기(○)	볼대기(×)	볼태기(×)
빛깔(○)	빛갈(×)	
성깔(○)	성갈(×)	
송판때기(○)	송판대기(×)	
이마빼기(○)	이맛빼기(×)	
코빼기(○)	콧배기(×)	
팔꿈치(○)	팔굼치(×)	

연습문제

01 다음에 알맞은 낱말을 연결해 문장을 완성해 보세요.

① 그녀에게 사랑을　　　　가) 밭치다

② 그릇을 쟁반에　　　　나) 받히다

③ 자전거가 자동차에　　　　다) 바치다

④ 찌꺼기를 거즈로　　　　라) 받치다

02 다음 중 맞춤법에 맞지 않은 것을 모두 골라 바로잡으세요.

① 밤을 세웠더니 너무 피곤하다. →

② 밥을 앉혀 놓고 잠깐 슈퍼에 나왔어요. →

③ 한다고 했으니 반듯이 할 거야. →

④ 너는 일만 벌려 놓고 마무리를 못하는구나. →

⑤ 나뭇꾼이 나무를 하러 산을 오른다. →

03 (　　) 안에서 맞춤법에 맞는 단어를 골라 문장을 완성시켜 보세요.

① 세상사가 반드시 흑과 백으로 (가름되는, 갈음되는) 것은 아닙니다.

② 지난 여름에는 날씨가 더워서 (어름, 얼음)이 불티나게 팔렸다.

③ 우체국을 (거쳐서, 걷혀서) 집으로 갔다.

④ 얼룩백이 황소가 게으른 울음을 (울던, 울든) 광경이 떠오른다.

⑤ 화가 난 나는 두어 (거름, 걸음) 빨리 걸어갔다.

⑥ 방에는 (놀음꾼들이, 노름꾼들이) 모여 있었다.

04 "그는 열심히 공부한다. ( ) 은혜에 보답한다."에서 ( ) 속에 알맞은 것은?

① 그러므로써　　② 그러므로서　　③ 그럼으로서　　④ 그럼으로써

05 다음 중 바르게 쓰여진 낱말은?

① 희노애락　　② 시월　　③ 번거로히　　④ 웃수염　　⑤ 농삿꾼

06 다음 예문에서 잘못 쓰인 단어를 찾아 고쳐 쓰세요.

① 어머니는 늘 목거리를 걸고 다니신다. →

② 잔치가 성대하게 벌려졌구나. →

③ 마음을 조린다고 해서 될 일이 아니다. →

④ 생선에 소금을 많이 뿌렸더니 짜게 저려졌다. →

07 아래의 문장에 알맞은 낱말을 골라 ○표 하세요.

① 쩔쩔매는 그 모습이 어찌나 우습든지….( ) 우습던지….( )

② 그가 뭐라고 하던 ( ) 하든 ( ) 안 믿을 거야.

③ 가장으로써 ( ) 가장으로서 ( ) 생활을 책임져야 해.

④ 교실에서 휴대폰 사용은 일체 ( ) 일절 ( ) 금지됨.

⑤ 비누, 수건, 칫솔 등이 일체 ( ) 일절 ( ) 구비되어 있습니다.

⑥ 사용해 보지도 못한 채 ( ) 체 ( ) 고장이 나 버렸네.

08 다음 중 바르게 쓰인 말을 골라 O표 하세요.

① 윗니 ( ) 웃니 ( )　② 웃채 ( ) 위채 ( )

③ 능이 ( ) 능히 ( )　④ 웃돈 ( ) 윗돈 ( )

⑤ 윗입술 ( ) 윗입술 ( )　⑥ 웃어른 ( ) 윗어른 ( )

⑦ 깨끗이 ( ) 깨끗히 ( )　⑧ 솔직이 ( ) 솔직히 ( )

⑨ 엄격히 ( ) 엄격이 ( )　⑩ 윗도리 ( ) 웃도리 ( )

⑪ 과감이 ( ) 과감히 ( )　⑫ 꼼꼼히 ( ) 꼼꼼이 ( )

09 다음 낱말 중 '이'와 '히'의 쓰임이 잘못된 것을 모두 고르세요.

① 틈틈히　② 샅샅이　③ 가만이　④ 고요히　⑤ 도저이

10 다음 낱말 중 맞춤법에 맞는 것을 모두 골라 보세요.

①윗쪽　②아래쪽　③윗입술　④윗어른　⑤윗층　⑥뒷동네

11 다음의 한자를 올바르게 읽은 것은?

① 承 받들 승 諾 대답할 낙 → 승락

② 年 해 년 勞 늙은이 로 → 연로

③ 六 여섯 육 月 달 월 → 육월

④ 一 한 일 絲 실 사 不 아니 불 亂 어지러울 란 → 일사불난

12 다음 중 밑줄 친 부분이 잘못된 것은?

① <u>겉잡아서</u> 50명은 되겠다.

② 이것은 책이 <u>아니오.</u>

③ 가게 앞에 물건들을 이렇게 <u>벌여 놓으면</u> 안 됩니다.

④ 면회는 <u>일체</u> 금지합니다.

⑤ <u>윗눈썹이</u> 한 올 빠졌네.

13 아래의 문장에 알맞은 낱말을 골라 ○표 하세요.

① 인삼과 대추를 넣고 푹 달인다. (　　) 다린다. (　　)

② 그는 속마음이 얼굴에 다 들어난다. (　　) 드러난다. (　　)

③ 시간 없으니 기간을 최대한 늘려라.(　　) 늘여라.(　　)

④ 퀴즈를 풀면 반쯤은 맞춘다. (　　) 맞힌다. (　　)

⑤ '고구려'라는 이름이 부쳐졌다. (　　) 붙여졌다. (　　)

⑥ 반쯤 달렸는데 열 사람을 제쳤다. (　　) 젖혔다. (　　)

14 다음 중 맞춤법에 맞지 않은 것을 모두 골라 바로잡으세요.

① 다 틀렸어. 이제 나 어떻게? →

② 내노라하는 사람들이 다 모였더군. →

③ 그런 게 아니예요. →

④ 봄에 날아다니는 것은 나비에요. →

⑤ 맛갈나는 찌개 냄새다! →

정답

01 ①과 다) 그녀에게 사랑을 바치다.
②와 라) 그릇을 쟁반에 받치다.
③과 나) 자전거가 자동차에 받히다.
④와 가) 찌꺼기를 거즈로 밭치다.

02 ① 세웠더니 → 새웠더니
② 앉혀 놓고 → 안쳐 놓고
③ 반듯이 → 반드시
④ 벌려 놓고 → 벌여 놓고
⑤ 나뭇꾼 → 나무꾼

03 ① 가름되는 ② 얼음 ③ 거쳐서 ④ 울던 ⑤ 걸음 ⑥ 노름꾼들이

04 ④

05 ② (해설) ① 희로애락 ③ 번거로이 ④ 윗수염 ⑤ 농사꾼

06 ① 목거리 → 목걸이
② 벌려졌구나 → 벌어졌구나
③ 조린다고 → 졸인다고
④ 저려졌다 → 절여졌다

07 ① 우습던지…. ② 하든 ③ 가장으로서 ④ 일절 ⑤ 일체 ⑥ 채

08 ① 윗니 ② 위채 ③ 능히 ④ 윗목 ⑤ 윗입술 ⑥ 웃어른
⑦ 깨끗이 ⑧ 솔직히 ⑨ 엄격히 ⑩ 윗도리 ⑪ 과감히 ⑫ 꼼꼼히

09 ①, ③, ⑤

10 ②, ③, ⑥
(해설) ① 위쪽 ④ 웃어른 ⑤ 위층

11 ②
(해설) ① 승낙 ③ 유월 ④ 일사불란

12 ④ 일체 → 일절

13 ① 달인다. ② 드러난다. ③ 늘려라. ④ 맞힌다. ⑤ 붙여졌다. ⑥ 제쳤다.

14 ① 어떡해? ② 내로라하는 ③ 아니에요. ④ 나비예요. ⑤ 맛깔

04

외래어 표기법

1 외래어 표기법의 규칙

01 표기의 기본 원칙

외래어는 국어의 24개 자음과 모음만으로 적는다.

외래어란 외국어에서 들어온 말로 이미 널리 알려져 국어처럼 쓰이는 말을 가리킨다. 우리가 알고 있는 '담배, 빵, 텔레비전, 핸드백, 프린터' 등이 그것이다. 이러한 외래어를 표기할 때 모든 사람들이 쉽게 보고 익혀서 쓸 수 있도록 한글의 24개 자음과 모음만을 사용해야 한다.

현재 외래어 표기법에 적용을 받는 것은 외래어만이 아니라 외국어도 일부 포함된다. 예를 들어 '쿠킹(cooking), 포켓(pocket), 베이비(baby), 우드(wood)'처럼 일상적으로 사용되는 외국어도 외래어 표기법에 적용을 받는다.

받침에는 'ㄱ, ㄴ, ㄹ, ㅁ, ㅂ, ㅅ, ㅇ' 만을 쓴다.

한글 맞춤법에서는 모든 자음이 받침으로 쓰이지만 외래어를 쓸 때는 'ㄱ, ㄴ, ㄹ, ㅁ, ㅂ, ㅅ, ㅇ'의 일곱 개 자음만으로 적도록 하고 있다.

예를 들어 우리말에서는 '잎'이 홀로 쓰일 때는 [입]으로 발음되지만, 조사가 붙거나 할 때는 '잎이[이피]', '잎으로[이프로]'로 발음된다.

하지만 외래어는 그러한 현상이 나타나지 않는다. '뉴욕(New York)의 경우 'k'는 'ㅋ'으로 발음되어 '뉴욬'으로 적어야 하지만, 대표 받침인 'ㄱ'을 써서 '뉴욕'으로 적는 것이 옳다. 조사가 들어갈 경우에도 '뉴욕이[뉴요키]', '뉴욕을[뉴요클]'이라 발음하지 않고 '뉴욕이[뉴요기]', '뉴욕을[뉴요글]' 이라고 발음한다.

'포켓(pocket)'의 경우도 't'는 'ㅌ' 발음이 나므로 '포켙'이라고 써야 하지만 대표 받침인 'ㅅ'을 써서 '포켓'으로 적는 것이 옳다.

파열음 표기에는 된소리를 쓰지 않는 것을 원칙으로 한다.

파열음 'b, d, g'로 시작되는 'backswing'이나 'bus' 등을 '빽스윙', '뻐스'로 적지 않고 '백스윙', '버스'와 같이 적는다.

이미 굳어진 외래어는 그대로 적되, 그 범위와 사용 예시는 따로 정한다.

외래어는 차용 경로가 다양하다. 문자를 통해 들어오기도 하고, 귀로 들어서 차용되는 것도 있다. 또 원어에서 직접 들여오는 것도 있고, 제3국을 통해 간접 차용되는 것도 있다. 그 밖에 오래 전부터 사용되어 온 것, 최근에 들어온 것 등이 있다. 다양한 경로를 통해 들어온 외래어는 어떤 특정한 원칙으로는 그 표기의 일관성을 기하기 어렵다. 그중 이미 오랫동안 쓰여져 아주 굳어진 관용어는 관용을 인정하여 규정에 구애받지 않고 관용대로 적고 있다.

국제 음성기호와 한글 대조표

자음			반모음		모음	
국제 음성 기호	한글		국제 음성 기호	한글	국제 음성 기호	한글
	모음 앞	자음 앞, 또는 말끝				
p	ㅍ	ㅂ, 프	j	이	i	이
b	ㅂ	브	ɥ	위	y	위
t	ㅌ	ㅅ, 트	w	오, 우	e	에
d	ㄷ	드			ø	외
k	ㅋ	ㄱ, 크			ɛ	에
g	ㄱ	그			ɛ̃	앵
f	ㅍ	프			oe	외
v	ㅂ	브			õe	욍
θ	ㅅ	스			æ	애
ð	ㄷ	드			a	아
s	ㅅ	스			ɑ	아
z	ㅈ	즈			ã	앙
ʃ	시	슈, 시			ʌ	어
ʒ	ㅈ	지			ɔ	오
ts	ㅊ	츠			ɔ̃	옹
dz	ㅈ	즈			o	오
tʃ	ㅊ	치			u	우
dʒ	ㅈ	지			ə*	어
m	ㅁ	ㅁ			ɚ	어
n	ㄴ	ㄴ				
ɲ	니	뉴				
ŋ	ㅇ	ㅇ				
l	ㄹ, ㄹㄹ	ㄹ				
r	ㄹ	르				
h	ㅎ	흐				
ç	ㅎ	히				
x	ㅎ	흐				

* 독일어의 경우에는 '에', 프랑스어의 경우에는 '으'로 적는다.

2 발음에 따른 영어의 표기

01 무성 파열음 ([p], [t], [k])

짧은 모음 다음에 오는 말끝의 무성 파열음([p],[t],[k])은 받침으로 적는다.

gap [gæp] 갭	cat [kæt] 캣	book [buk] 북

짧은 모음과 유음 · 비음 ([l],[r],[m],[n]) 이외의 자음 사이에 오는 무성 파열음 ([p],[t],[k])은 받침으로 적는다

apt [æpt] 앱트	setback [setbæk] 셋백	act [ækt] 액트

위 경우 이외의 말끝과 자음 앞의 [p],[t],[k]는 '으'를 붙여 적는다.

stamp [stæmp] 스탬프	cape [keip] 케이프
nest [nest] 네스트	part [pa:t] 파트
desk [desk] 데스크	make [meik] 메이크
apple [æpl] 애플	mattress [mætris] 매트리스
chipmunk [tʃipmʌŋk] 치프멍크	sickness [siknis] 시크니스

02 유성 파열음 ([b], [d], [g])

말끝과 모든 자음 앞에 오는 유성 파열음은 '으'를 붙여 적는다.

herb [hə:rb] 허브	bulb [bʌlb] 벌브
lobster [lɔbstə] 로브스터	subway [sʌbwei] 서브웨이
land [lænd] 랜드	kidnap [kidnæp] 키드냅
handmaid [hændmeid] 핸드메이드	signal [signəl] 시그널
zigzag [zigzæg] 지그재그	mug [mʌg] 머그

03 마찰음 ([s], [z], [f], [v], [θ], [ð], [ʃ], [ʒ])

말끝 또는 자음 앞의 [s], [z], [f], [v], [θ], [ð]는 '으'를 붙여 적는다.

mask [ma:sk] 마스크	jazz [dʒæz] 재즈
graph [græf] 그래프	olive [ɔliv] 올리브
thrill [θril] 스릴	bathe [beið] 베이드

말끝의 [ʃ]는 '시'로 적고, 자음 앞의 [ʃ]는 '슈'로, 모음 앞의 [ʃ]는 뒤따르는 모음에 따라 '샤', '섀', '셔', '셰', '쇼', '슈', '시'로 적는다.

flash [flæʃ] 플래시	fresh [freʃ] 프레시
shank [ʃæŋk] 섕크	shark [ʃa:k] 샤크
shoe [ʃu:] 슈	shopping [ʃɔpiŋ] 쇼핑
shake [ʃeik] 셰이크	shift [ʃift] 시프트
shrub [ʃrʌb] 슈러브	shrimp [ʃrɪmp] 슈림프

말끝 또는 자음 앞의 [ʒ]는 '지'로 적고, 모음 앞의 [ʒ]는 'ㅈ'으로 적는다.

mirage [mira:ʒ] 미라지	vision [viʒən] 비전

04 파찰음 ([ts], [dz], [tʃ], [dʒ])

말끝 또는 자음 앞의 [ts], [dz]는 '츠', '즈'로 적고, [tʃ], [dʒ]는 '치', '지'로 적는다.

nuts [nʌts] 너츠	Keats [ki:ts] 키츠
Pittsburgh [pitsbə:g] 피츠버그	odds [ɔdz] 오즈
switch [switʃ] 스위치	hitchhike [hitʃhaik] 히치하이크
bridge [bridʒ] 브리지	George [dʒɔ́:rdʒ] 조지

모음 앞의 [tʃ], [d]는 'ㅊ', 'ㅈ'으로 적는다.

chart [tʃa:t] 차트	virgin [və:dʒin] 버진

05 비음 ([m], [n], [ŋ])

말끝 또는 자음 앞의 비음은 모두 받침으로 적는다.

steam [sti:m] 스팀	corn [kɔ:n] 콘
ring [riŋ] 링	lamp [læmp] 램프
hint [hint] 힌트	ink [iŋk] 잉크

모음과 모음 사이의 [ŋ]은 앞 음절의 받침 'ㅇ'으로 적는다.

hanging [hæŋiŋ] 행잉	longing [lɔŋiŋ] 롱잉

06 유음 ([l])

말끝 또는 자음 앞의 [l]은 받침으로 적는다.

hotel [houtel] 호텔	pulp [pʌlp] 펄프

단어 중간의 [l]이 모음 앞에 오거나, 모음이 따르지 않는 비음 ([m],[n]) 앞에 올 때에는 'ㄹㄹ'로 적는다. 다만, 비음 ([m],[n]) 뒤의 [l]은 모음 앞에 오더라도 'ㄹ'로 적는다.

slide [slaid] 슬라이드	film [film] 필름
helm [helm] 헬름	swoln [swouln] 스월른
Hamlet [hæmlit] 햄릿	Henley [henli] 헨리

07 장모음

장모음의 장음은 따로 적지 않는다.

team [ti:m] 팀	rout [ru:t] 루트
Greece [grí:s] 그리스	fruits [fru:t] 프루트

08 중모음 ([ai], [au], [ei], [ɔi], [ou], [auə])

중모음은 각 단모음을 살려서 적되, [ou]는 '오'로 [auə]는 '아워'로 적는다.

time [taim] 타임	house [haus] 하우스
skate [skeit] 스케이트	oil [ɔil] 오일
boat [bout] 보트	tower [tauə] 타워
road [roud] 로드	shower [ʃaʊə(r)] 샤워

09 반모음 ([w], [j])

[w]는 뒤따르는 모음에 따라 [wə], [wɔ], [wou]는 '워', [wa]는 '와', [wæ]는 '왜', [we]는 '웨', [wi]는 '위', [wu]는 '우'로 적는다.

word [wə:d] 워드	want [wɔnt] 원트	woe [wou] 워	wander [wandə] 완더
wag [wæg] 왜그	west [west] 웨스트	witch [witʃ] 위치	wool [wul] 울

자음 뒤에 [w]가 올 때에는 두 음절로 나눠 적고, [gw], [hw], [kw]는 한 음절로 붙여 적는다.

swing [swiŋ] 스윙	twist [twist] 트위스트	penguin [peŋgwin] 펭귄
whistle [hwisl] 휘슬	quarter [kwɔ:tə] 쿼터	quilt [kwɪlt] 퀼트

반모음 [j]는 뒤따르는 모음과 합쳐 '야', '얘', '여', '예', '요', '유', '이'로 적는다. 다만, [d], [l], [n] 다음에 [jə]가 올 때는 각각 '디어', '리어', '니어'로 적는다.

yard [ja:d] 야드	yank [jæŋk] 얭크
yearn [jə:n] 연	yellow [jélou] 옐로
yawn [jɔ:n] 욘	you [ju:] 유
year [jiə] 이어	Indian [indjən] 인디언
battalion [bətæljən] 버탤리언	union [ju:njən] 유니언

10 복합어

따로 설 수 있는 말의 합성으로 이루어진 복합어는 그것이 홀로 쓰일 때의 표기대로 적는다.

cuplike [kʌplaik] 컵라이크	sit-in [sitin] 싯인
bookend [bukend] 북엔드	bookmaker [bukmeikə] 북메이커
headlight [hedlait] 헤드라이트	flashgun [flæʃgʌn] 플래시건
touchwood [tʌtʃwud] 터치우드	topknot [tɔpnɔt] 톱놋

원어에서 띄어 쓴 말은 띄어 쓴 대로 적고, 붙여 쓸 수도 있다.

loss time [lɔ:s-taim] 로스 타임 / 로스타임
high class [hai-klæs] 하이 클래스 / 하이클래스
olive oil [ɑ:lɪv ɔɪl] 올리브 오일 / 올리브오일
lunch set [lʌntʃset]] 런치 세트 / 런치세트

인명, 지명 표기의 원칙

제1항

외국의 인명, 지명의 표기는 〈외래어 표기법〉 규정을 따르는 것을 원칙으로 한다.

제2항

영어권에 포함되어 있지 않은 언어권의 인명, 지명은 원지음을 따르는 것을 원칙으로 한다.

Ankara 앙카라　　Gandhi 간디

제3항

원지음이 아닌 제3국의 발음으로 통용되고 있는 것은 관용을 따른다.

Hague 헤이그　　Caesar 시저

제4항

고유 명사의 번역명이 통용되는 경우 관용을 따른다.

Pacific Ocean 태평양　　Black Sea 흑해

3 잘못된 외래어 표기 고쳐 쓰기

네트웍	→	네트워크 (network)
다이나믹	→	다이내믹 (dynamic)
드라이크리닝	→	드라이클리닝 (drycleaning)
디지틀, 디지탈	→	디지털 (digital)
런닝머쉰	→	러닝머신 (running machine)
렌트카	→	렌터카 (rent-a-car)
로보트	→	로봇 (robot)
로켓트	→	로켓 (rocket)
로타리	→	로터리 (rotary)
리더쉽	→	리더십 (leadership)
링겔	→	링거(액) (ringer)
맛사지	→	마사지 (massage)
매니아	→	마니아 (mania)
미스테리	→	미스터리 (mystery)
바베큐	→	바비큐 (barbecue)
보턴	→	버튼 (botton)
빵구	→	펑크 (puncture)
빵파레	→	팡파르 (fanfare : 불어)
샵	→	숍 (shop)
센타	→	센터 (center)
소세지	→	소시지 (sausage)
숏	→	쇼트 (short)
수퍼마켓	→	슈퍼마켓 (supermarket)
수퍼맨	→	슈퍼맨 (superman)
스탭	→	스태프 (staff)
스프	→	수프 (soup)

시그날	→	시그널 (signal)
싸이즈	→	사이즈 (size)
아이샤도우	→	아이섀도 (eyeshadow)
악세사리	→	액세서리 (accessory)
알카리	→	알칼리 (alkali)
앙케이트	→	앙케트 (enquete : 불어)
액센트	→	악센트 (accent)
워크샵	→	워크숍 (workshop)
윈도우	→	윈도 (window)
인디안	→	인디언 (Indian)
초콜렛	→	초콜릿 (chocolate)
카라	→	칼라 (collar)
카렌다	→	캘린더 (calendar)
칼라	→	컬러 (color)
커텐	→	커튼 (curtain)
케익	→	케이크 (cake)
코메디	→	코미디 (comedy)
콜크	→	코르크 (cork)
크럽	→	클럽 (club)
탈렌트	→	탤런트 (talent)
테레비, 텔레비젼, 테레비전	→	텔레비전 (television)
토마토케찹	→	토마토케첩 (tomato ketchup)
트랜드	→	트렌드 (trend)
팜플랫	→	팸플릿 (pamphlet)
프랜카드	→	플래카드 (placard)

4 그 밖의 혼동하기 쉬운 외래어

독일어

호르몬 (hormon)	헤르메스 (Hermes)	실러 (Schiller)
슈타트 (Stadt)	함부르크 (Hamburg)	하이델베르크 (Heidelberg)
프랑크푸르트 (Frankfurt)	로스토크 (Rostock)	쇤브룬 (Schoenbrunn) 궁전

프랑스어

슈발리에 (Chevalier)	상파뉴 (Champagne)	마르세유 (Marseille)
크레용 (crayon)	몽테스키외 (Montesquieu)	베르사이유 (Versailles)
부르주아 (bourgeois)	르누아르 (Renoir)	몽마르트르 (Montmartre)

스페인어

카사 (casa)	세실리아 (Cecilia)	에스파냐 (Espana)
파에야 (paella)	엘니뇨 (El Nino)	라니냐 (La Nina)
시에스타 (siesta)	그라시아스 (gracias)	베사메 무초 (Besame Mucho)

이탈리아어

메조 (mezzo)	크레셴도 (crescendo)	알레그레토 (allegretto)
차오 (ciao)	뇨끼 (gnocchi)	푸치니 (Puccini)
피렌체 (Firenze)	베네치아 (Venezia)	리소토 (risotto)

일본어

- 삿포로 (さっぽろ [札幌])
- 돗토리 (とっとり[鳥取])
- 홋카이도 (ほっかいどう [北海道])
- 규슈 (きゅうしゅう [九州])
- 하코네 (はこね [箱根])
- 도쿄 (とうきょう [東京])
- 오사카 (おおさか [大阪])
- 교토 (きょうと [京都])
- 나카무라 (なかむら [中村])
- 사카모토 (さかもと [坂下· 坂本])
- 무라카미 하루키 (村上春樹)
- 신주쿠 (しんじゅく[親熟])

중국어

- 상하이 (상해 : 上海)
- 타이완 (대만 : 臺灣)
- 황허 (황하 : 黃河)
- 톈안먼 (천안문 : 天安門)
- 마오쩌둥 (모택동 : 毛澤東)
- 쯔진청 (자금성 : 紫禁城)
- 저우언라이 (주은래 : 周恩來)
- 완리창청 (만리장성 : 萬里長城)
- 판빙빙 (범빙빙 : 范冰冰)
- 류더화 (유덕화 : 劉德華)
- 장쩌민 (강택민 : 江澤民)
- 덩샤오핑 (등소평 : 鄧小平)
- 량차오웨이 (양조위 : 梁朝偉)
- 청룽 (성룡 : 成龍)
- 저우룬파 (주윤발 : 周潤發)
- 장이머우 (장예모 : 張藝謨)
- 장궈룽 (장국영 : 張國榮)
- 리롄제 (이연걸 : 李漣杰)

러시아어

- 도스토옙스키 (Dostoevskii)
- 차이콥스키 (Chaikovskii)
- 상트페테르부르크 (Saint Peterburg)
- 카라마조프 (Karamazov)
- 오호츠크 해 (Okhotsk Sea)
- 블라디보스토크 (Vladivostok)

연습문제

01 다음 외래어 중 우리말 표기법에 맞지 않은 것을 모두 골라 바로잡으세요.

① 블록 (block) ② 피자 (pizza) ③ 런닝셔츠 (running shirt)

④ 스트라익 (strike) ⑤ 포켓 (pocket) ⑥ 로보트 (robot)

02 다음의 외래어 중 밑줄 친 모음의 발음이 잘못된 것은?

① 핸드 ② 애널리스트 ③ 패널티 킥 ④ 전기 스탠드

03 다음 단어들을 외래어 표기법에 맞게 바로 적어 보세요.

① book → (　　　) ② act → (　　　)

③ stamp → (　　　) ④ mattress → (　　　)

⑤ apple → (　　　) ⑥ zigzag → (　　　)

⑦ signal → (　　　) ⑧ thrill → (　　　)

⑨ hint → (　　　) ⑩ odds → (　　　)

⑪ pulp → (　　　) ⑫ headlight → (　　　)

⑬ witch → (　　　) ⑭ touchwood → (　　　)

⑮ sit–in → (　　　) ⑯ center → (　　　)

04 다음의 외래어를 오른쪽 모음 표기와 서로 연결하고 우리말 표기법에 맞게 적어 보세요.

보기	tent → 에 (텐트)

① tape 가) 에 (　　　)

② steak 나) 애 (　　　)

③ sandwich 다) 에이 (　　　)

④ happy end 라) 애 (　　　)

⑤ superman 마) 이 (　　　)

⑥ dream 바) 에이 (　　　)

05 다음의 외래어 중 우리말 표기법에 맞지 않은 모두 골라 보세요.

① curtain 커텐 ② button 보턴 ③ Boston 보스턴

④ captain 캡틴 ⑤ container 콘테이너

06 다음 외래어 중 표기가 잘못된 것을 바르게 고쳐 보세요.

① nest → 네스트 ② cape → 캐프 ③ shopping → 쇼핑

④ corn → 콘 ⑤ accessory → 액세서리

07 ( ) 속에서 외래어 표기법에 맞게 쓰인 것을 고르세요.

① 네가 가장 좋아하는 (탤런트는, 탈렌트는) 누구니?

② 계속되는 타이어 (펑크, 빵구) 원인이 무엇일까요?

③ 우리 (크럽에, 클럽에) 회원으로 가입하신 것을 진심으로 축하드립니다.

④ 한복은 (드라이클리닝을, 드라이크리닝을) 너무 자주 하면 변색하는 경우가 있다.

⑤ 오랜만에 정원에서 (바베큐, 바비큐) 파티를 열었다.

⑥ 이 체조를 10분간 하면 허리(사이즈가, 싸이즈가) 줄어요.

⑦ 오늘이 할머니 생신인데 어떤 (케이크가, 케익이) 좋을까?

08 다음에서 표기법에 맞게 쓴 외래어를 골라 문장을 완성하시오.

① 그녀는 매일 밤 (텔레비젼, 텔레비전) 드라마를 본다.

② 내가 좋아하는 프로그램의 (시그널, 시그날) 뮤직이 흘러나온다.

③ 와이셔츠는 (컬러가, 칼라가) 빳빳하게 서 있어야 멋있어.

④ 제 아무리 (수퍼우먼이라도, 슈퍼우먼이라도) 힘들 거야.

⑤ 살을 빼는 데는 (런닝머신, 러닝머신) 운동이 가장 좋더군.

정답

01 ① 블록 ③ 러닝셔츠
④ 스트라이크 ⑥ 로봇

02 ③ 패널티 킥 → 페널티 킥(penalty kick)

03 ① 북 ② 액트 ③ 스탬프 ④ 매트리스
⑤ 애플 ⑥ 지그재그 ⑦ 시그널 ⑧ 스릴
⑨ 힌트 ⑩ 오즈 ⑪ 펄프 ⑫ 헤드라이트
⑬ 위치 ⑭ 터치우드 ⑮ 싯인 ⑯ 센터

04 ① 다) 에이 (테이프) ② 바) 에이 (스테이크)
③ 나) 애 (샌드위치) ④ 가) 에 (해피엔드)
⑤ 라) 애 (슈퍼맨) ⑥ 마) 이 (드림)

05 ① 커튼 ② 버튼 ⑤ 컨테이너

06 ② 케이프

07 ① 탤런트는 ② 펑크 ③ 클럽에
④ 드라이클리닝을 ⑤ 바비큐
⑥ 사이즈가 ⑦ 케이크가

08 ① 텔레비전 ② 시그널 ③ 칼라가 ④ 슈퍼우먼이라도 ⑤ 러닝머신

05

문장 부호

문장 부호 일람표

	이름	용법
.	마침표	서술, 명령, 청유 등을 나타내는 문장의 끝에 쓴다. 연월일을 표시하거나 특정한 의미가 있는 날을 나타낼 때 쓴다. 장, 절, 항 등을 표시하는 문자나 숫자 다음에 쓴다.
?	물음표	의문문이나 물음을 나타내는 어구의 끝에 쓴다. 특정한 어구의 내용에 대하여 의심, 빈정거림을 표시할 때 쓴다. 적절한 말을 쓰기 어려울 때, 모르거나 불확실한 내용임을 나타낼 때에 쓴다.
!	느낌표	감탄문이나 감탄사의 끝에 쓴다. 어구, 평서문, 명령문, 청유문에 특별히 강한 느낌을 나타날 때 쓴다. 물음의 말로 놀람이나 항의의 뜻을 나타내는 경우에 쓴다. 감정을 넣어 대답하거나 다른 사람을 부를 때 쓴다.
,	쉼표	같은 자격의 어구를 연결하거나 문장의 연결 관계를 나타낼 때 쓴다. 문장에서 끊어 읽을 부분임을 나타낼 때 쓴다.
·	가운뎃점	둘 이상의 어구를 하나로 묶어서 나타낼 때 쓴다.
:	쌍점표	표제나 주제에 대하여 구체적인 사례나 설명을 붙일 때 쓴다. 시와 분, 장과 절 등을 구별할 때 쓴다.
/	빗금	대비되는 둘 이상의 어구를 묶어서 나타낼 때 쓴다.
" "	큰따옴표	대화를 표시하거나 직접 인용한 문장임을 나타낼 때 쓴다.
' '	작은따옴표	마음속으로 한 말이거나 인용문 속의 인용문임을 나타낼 때 쓴다. 문장 내용 중에서 특정한 부분을 특별히 드러내 보일 때 쓴다.
( )	소괄호	주석이나 보충적인 내용을 덧붙일 때 쓴다. 항목의 순서나 종류를 나타낼 때 쓴다.
{ }	중괄호	같은 범주에 속하는 여러 요소들을 묶어서 보일 때 쓴다.
[ ]	대괄호	괄호 안에 또 괄호를 쓸 필요가 있을 때 바깥쪽의 괄호로 쓴다. 원문에 대한 설명이나 논평 등을 덧붙일 때 쓴다.
『 』	겹낫표	책의 제목이나 신문 이름 등을 나타낼 때 쓴다.
「 」	홑낫표	소제목, 예술 작품의 제목, 상호, 법률 등을 나타낼 때 쓴다.
≪ ≫	겹화살괄호	책의 제목이나 신문 이름 등을 나타낼 때 쓴다.
〈 〉	홑화살괄호	소제목, 예술 작품의 제목, 상호, 법률 등을 나타낼 때 쓴다.
—	줄표	제목 다음에 표시하는 부제를 나타낼 때 쓴다. 문장 중간에 끼어든 어구를 나타낼 때 쓴다.
-	붙임표	차례대로 이어지거나 밀접한 관련이 있는 어구를 묶어서 나타낼 때 쓴다.
~	물결표	기간이나 거리 또는 범위를 나타낼 때 쓴다.
˙	드러냄표	문장 내용 중에서 특정한 부분을 특별히 드러내 보일 때 쓴다.
_	밑줄	문장 내용 중에서 특정한 부분을 특별히 드러내 보일 때 쓴다.
○, ×	숨김표	금기어나 비속어 또는 비밀임을 나타낼 때 쓴다.
□	빠짐표	글자가 들어갈 자리임을 나타낼 때 쓴다.
……	줄임표	할 말을 줄이거나 말이 없음을 나타낼 때 쓴다.

1 문장 부호란?

문장 부호는 문장의 구조를 드러내거나 문장의 뜻을 효과적으로 표현하여 읽는 사람에게 글쓴이의 의도를 효과적으로 전달하기 위하여 사용하는 부호이다.

흔히 쓰는 문장 부호로는 '마침표(.), 물음표(?), 느낌표(!), 쉼표(,), 가운뎃점(·), 쌍점(:), 빗금(/), 큰따옴표(" "), 작은따옴표(' '), 소괄호(( )), 중괄호({ }), 대괄호([ ]), 붙임표(-), 줄표(—), 물결표(~), 줄임표(……), 겹낫표(『』), 겹화살표(《》) 등이 있다.

문장 부호는 문장의 뜻을 정확하게 전달하기 위해 사용하는 것이므로 상황과 의미를 잘 파악해서 쓰는 것이 매우 중요하다.

예를 들어 '키가 큰 친구의 형'에서 키가 큰 사람은 '친구'일 수도 있고 '친구의 형'일 수도 있다. 이 표현을 '키가 큰, 친구의 형'과 같이 쓰면 '친구의 형'가 키가 큰 사람이라는 점을 분명하게 드러낼 수 있다. 그리고 '물이 참 맑다.'에 비해 '물이 참 맑다!'는 화자의 주관적인 느낌이 더 강하게 전달된다. 이처럼 문장 부호는 글의 구조를 분명하게 드러내거나 글쓴이의 의도를 전달하는 데 보조적으로 사용되는 수단이다. 따라서 글의 의미를 효율적으로 전달하기 위해서는 문장 부호를 적절하게 사용할 필요가 있다.

최근에는 일반적인 문서에서 세로쓰기를 거의 하지 않기 때문에 개정된 문장 부호 규정은 가로쓰기에 쓰는 부호만 다룬다. 그러나 세로쓰기 부호인 '홑낫표(「 」)'와 '겹낫표(『 』)'는 가로쓰기에서 사용할 수 있는 것으로 용법을 수정하여 새 규정에 포함되었다.

개정된 문장 부호 규정은 현실적인 쓰임에 맞도록 허용 규칙을 대폭 확대하였다. 하지만 종전 규정대로 문장 부호를 사용하더라도 틀리는 일은 없도록 함으로써 개정에 따른 사용자의 혼란을 최소화하였다.

2 문장 부호 익히기

• 마침표(.)

마침표 대신 '온점'이라는 용어를 쓸 수도 있다.

1. 서술, 명령, 청유 등을 나타내는 문장의 끝에 쓴다.

젊은이는 나라의 기둥입니다. (서술)	가는 말이 고와야 오는 말이 곱다. (서술)
황금 보기를 돌같이 하라. (명령)	이제 그만 하시오. (명령)
손을 꼭 잡으세요. (청유)	집으로 돌아갑시다. (청유)

직접 인용한 문장의 끝, 또는 용언의 명사형이나 명사로 끝나는 문장에는 쓰는 것을 원칙으로 하되, 쓰지 않는 것을 허용한다.

그는 "지금 당장 출발하자."라고 말하며 서둘러 짐을 챙겼다. (원칙)

그는 "지금 당장 출발하자"라고 말하며 서둘러 짐을 챙겼다 (허용)

목적을 이루기 위하여 몸과 마음을 다하여 애를 씀. (원칙)

목적을 이루기 위하여 몸과 마음을 다하여 애를 씀 (허용)

신입 사원 모집을 위한 기업 설명회 개최. (원칙)

신입 사원 모집을 위한 기업 설명회 개최 (허용)

꼭 알아두세요

다만, 제목이나 표어에는 쓰지 않음을 원칙으로 한다.

압록강은 흐른다　　꺼진 불도 다시 보자　　건강한 몸 만들기

---

2. 아라비아 숫자만으로 연월일을 표시할 때 쓴다.

1919. 3. 1.　　10. 1.~10. 12.

3. 특정한 의미가 있는 날을 표시할 때 월과 일을 나타내는 숫자 사이에 쓴다.

이때는 마침표 대신 가운뎃점을 쓸 수도 있다.

3.1 운동 (원칙)　　3 · 1 운동 (허용)

4. 장이나 절 등을 표시하는 문자나 숫자 다음에 쓴다.

가. 인명　　ㄱ. 머리말　　Ⅰ. 서론　　1. 연구 목적

• 물음표(?)

1. 의문문이나 의문을 나타내는 어구의 끝에 쓴다.

그 사람 이름이 뭐지?	이번에 가시면 언제 돌아오세요?
제가 부모님 말씀을 따르지 않을 리가 있겠습니까?	뭐라고?

한 문장 안에 몇 개의 선택적인 물음이 이어질 때는 맨 끝의 물음에만 쓰고, 각 물음이 독립적일 때는 각 물음의 뒤에 쓴다.

> 너는 중학생이냐, 고등학생이냐?
>
> 너는 여기에 언제 왔니? 어디서 왔니? 무엇하러 왔니?

의문의 정도가 약할 때는 물음표 대신 마침표를 쓸 수 있다.

> 이것이 과연 내가 찾던 행복일까.
>
> 도대체 이 일을 어쩐단 말이냐.

꼭 알아두세요

다만, 제목이나 표어에는 쓰지 않음을 원칙으로 한다.

역사란 무엇인가

아직도 담배를 피우십니까

2. 특정한 어구의 내용에 대하여 의심, 빈정거림 등을 표시할 때, 또는 적절한 말을 쓰기 어려울 때 소괄호 안에 쓴다.

30점이라, 거참 훌륭한(?) 성적이군.

우리와 의견을 같이할 사람은 최 선생(?) 정도인 것 같다.

3. 모르거나 불확실한 내용임을 나타낼 때 쓴다.

조선 시대의 시인 강백(1690?~1777?)의 자는 자청이고, 호는 우곡이다.

최치원(857~?)은 통일 신라 말기에 이름을 떨쳤던 학자이자 문장가이다.

• 느낌표(!)

1. 감탄문이나 감탄사의 끝에 쓴다.

이거 정말 큰일이 났구나!　　어머!　　아, 달이 밝구나!

감탄의 정도가 약할 때는 느낌표 대신 쉼표나 마침표를 쓸 수 있다.

어, 벌써 끝났네.　　날씨가 참 좋군.

2. 특별히 강한 느낌을 나타내는 어구, 평서문, 명령문, 청유문에 쓴다.

청춘! 이는 듣기만 하여도 가슴이 설레는 말이다.　　이야, 정말 재밌다!

지금 즉시 대답해!　　앞만 보고 달리자!

3. 물음의 말로 놀람이나 항의의 뜻을 나타내는 경우에 쓴다.

이게 누구야!　　내가 왜 나빠!　　전부 네 잘못이야!

4. 감정을 넣어 대답하거나 다른 사람을 부를 때 쓴다.

네!　　네, 선생님!　　얘들아!　　오빠!

• 쉼표(,)

'쉼표' 대신 '반점'이라는 용어를 쓸 수 있다.

1. 같은 자격의 어구를 늘어놓을 때 그 사이에 쓴다.

5보다 작은 자연수는 1, 2, 3, 4이다.

근면, 검소, 협동은 우리 겨레의 미덕이다.

다만, 쉼표 없이도 열거되는 사항임이 쉽게 드러날 때는 쓰지 않을 수 있다.

아버지 어머니께서 함께 오셨어요.

네 돈 내 돈 다 합쳐 보아야 만 원도 안 되겠다.

열거할 어구들을 생략할 때 사용하는 줄임표 앞에는 쉼표를 쓰지 않는다.

광역시 : 광주, 대구, 대전…

2. 짝을 지어 구별할 때 쓴다.

닭과 지네, 개와 고양이는 상극이다.

3. 이웃하는 수를 개략적으로 나타낼 때 쓴다.

5, 6세기 6, 7, 8개

4. 열거의 순서를 나타내는 어구 다음에 쓴다.

첫째, 몸이 튼튼해야 한다. 마지막으로, 무엇보다 마음이 편해야 한다.

5. 문장의 연결 관계를 분명히 하고자 할 때 절과 절 사이에 쓴다.

콩 심은 데 콩 나고, 팥 심은 데 팥 난다.

흰 눈이 내리니, 경치가 더욱 아름답다.

떡국은 설날의 대표적인 음식인데, 이걸 먹어야 비로소 나이도 한 살 더 먹는다고 한다.

6. 같은 말이 되풀이되는 것을 피하기 위하여 일정한 부분을 줄일 때 쓴다.

여름에는 바다에서, 겨울에는 산에서 휴가를 즐겼다.

엄마는 왼손에, 아빠는 오른손에 아이스크림을 들었다.

7. 부르거나 대답하는 말 뒤에 쓴다.

현석아, 이리 좀 와 봐. 네, 지금 가겠습니다.

8. 앞말을 '곧', '다시 말해', '즉' 등과 같은 어구로 다시 설명할 때 쓴다.

효숙이 아버지, 다시 말해 나의 형님은 올해로 결혼한 지 20년이 되었다.

책의 서문, 곧 머리말에는 책을 지은 목적이 드러나 있다

원만한 인간관계는 말과 관련한 예의, 즉 언어 예절을 갖추는 것에서 시작된다.

9. 문장 앞부분에서 조사 없이 쓰인 제시어나 주제어의 뒤에 쓴다.

저 친구, 성격이 아주 괜찮은데?

열정, 이것이야말로 젊은이의 가장 소중한 자산이다.

10. 어구의 위치가 바뀐 문장에서 뒤바꾼 어구들 사이에 쓴다.

이리 오세요, 아버님. 다시 보자, 친구야.

11. 문장 중간에 끼어든 어구의 앞뒤에 쓴다.

나는, 솔직히 말하면, 그 의견에 대해서 동의하지 못해.

정호는 미소를 띠고, 속으로는 화가 치밀어 너무나 힘들었지만, 그들을 맞았다.

이때는 쉼표 대신 줄표를 쓸 수 있다.

나는 — 솔직히 말하면 — 그 의견에 대해서 동의하지 못해.

12. 짧게 더듬는 말을 표시할 때 쓴다.

선생님, 부, 부정행위라니요? 그런 건 새, 생각조차 하지 않았습니다.

13. 한 문장에 같은 의미의 어구가 반복될 때 앞에 오는 어구 다음에 쓴다.

그의 애국심, 몸을 사리지 않고 국가를 위해 헌신한 정신을 우리는 본받아야 한다.

14. 바로 다음 말과 직접적인 관계에 있지 않음을 나타낼 때 쓴다.

갑돌이는, 울면서 떠나는 갑순이를 배웅했다.

철원과, 대관령을 중심으로 한 강원도 산간 지대에 예년보다 일찍 첫눈이 내렸습니다.

15. 특별한 효과를 위해 끊어 읽는 곳을 나타낼 때 쓴다.

내가, 정말 그 일을 오늘 안에 해낼 수 있을까?

이 전투는 바로 우리가, 우리만이, 승리로 이끌 수 있다.

• 가운뎃점(·)

1. 열거할 어구들을 일정한 기준으로 묶어서 나타낼 때 쓴다.

할아버지 · 고모, 할머니 · 고모부가 서로 짝이 되어 윷놀이를 하였다.

경상남도 · 경상북도, 전라남도 · 전라북도, 충청남도 · 충청북도 지역을 삼남이라 일컫는다.

2. 짝을 이루는 어구들 사이에 쓴다.

한 · 일 양국 간의 무역량이 늘고 있다.　　빛의 삼원색은 빨강 · 초록 · 파랑이다.

우리는 그 사람이 하는 말의 참 · 거짓을 따질 여유가 없었다.

다만, 이때는 가운뎃점을 쓰지 않거나 쉼표를 쓸 수도 있다.

한,일 양국 간의 무역량이 늘고 있다. 빛의 삼원색은 빨강,초록,파랑이다.

우리는 그 사람이 하는 말의 참, 거짓을 따질 여유가 없었다.

3. 공통 성분을 줄여서 하나의 어구로 묶을 때 쓴다.

상 · 중 · 하위권 금 · 은 · 동메달 통권 제54 · 55 · 56호

이때는 가운뎃점 대신 쉼표를 쓸 수 있다.

상, 중, 하위권 금, 은, 동메달 통권 제54, 55, 56호

• 쌍점(:)

1. 표제 다음에 해당 항목을 들거나 설명을 붙일 때 쓴다.

문장 부호: 마침표, 쉼표, 따옴표, 묶음표 등

일시: 2014년 10월 9일 10시

흔하진 않지만 두 자로 된 성씨도 있다. (예: 남궁, 선우, 황보)

내림표(♭): 음의 높이를 반음 내릴 것을 지시한다.

2. 희곡 등에서 대화 내용을 제시할 때 말하는 이와 말한 내용 사이에 쓴다.

김 과장: 이제 그만 나가렴. 아들: 아버지, 제발 제 말씀 좀 들어 보세요.

3. 시와 분, 장과 절 등을 구별할 때 쓴다.

오전 11:30 (오전 11시 30분) 두시언해 5:16 (두시언해 제5권 제16장)

4. 의존명사 '대'가 쓰일 자리에 쓴다.

55:60 (55 대 60)	청군:백군 (청군 대 백군)

쌍점의 앞은 붙여 쓰고 뒤는 띄어 쓴다. 다만, 3과 4에서는 쌍점의 앞뒤를 붙여 쓴다.

• 빗금(/)

빗금의 앞뒤는 1과 2에서는 붙여 쓰며, 3에서는 띄어 쓰는 것을 원칙으로 하되 붙여 쓰는 것을 허용한다. 단, 1에서 대비되는 어구가 두 어절 이상인 경우에는 빗금의 앞뒤를 띄어 쓸 수 있다.

1. 대비되는 두 개 이상의 어구를 묶어 나타낼 때 그 사이에 쓴다.

먹이다/먹히다	남반구/북반구
금메달/은메달/동메달	(　　)이/가 우리나라의 보물 제1호이다.

2. 기준 단위당 수량을 표시할 때 해당 수량과 기준 단위 사이에 쓴다.

100미터/초	1,000원/개

3. 시의 행이 바뀌는 부분임을 나타낼 때 쓴다.

산에 / 산에 / 피는 꽃은 / 저만치 혼자서 피어 있네

다만, 연이 바뀜을 나타낼 때는 두 번 겹쳐 쓴다.

산에는 꽃 피네 / 꽃이 피네 / 갈 봄 여름 없이 / 꽃이 피네 //

산에 / 산에 / 피는 꽃은 / 저만치 혼자서 피어 있네

- 큰따옴표(“ ”)

1. 글 가운데에서 직접 대화를 표시할 때 쓴다.

“비가 저렇게 많이 오는데 갈 수 있겠니?”

“어머니, 그럼 제가 가겠어요.”

“아니다. 내가 다녀오마.”

2. 말이나 글을 직접 인용할 때 쓴다.

“세 살 버릇 여든까지 간다.”라는 옛말이 있다.

“사람은 사회적 동물이다.”라고 말한 학자가 있다.

나는 “어, 광훈이 아니냐?” 하는 소리에 깜짝 놀랐다.

편지의 끝머리에는 이렇게 적혀 있었다.
“할머니, 편지에 사진을 동봉했다고 하셨지만 봉투 안에는 아무것도 없었어요.”

- 작은따옴표(‘ ’)

1. 인용한 말 안에 있는 인용한 말을 나타낼 때 쓴다.

“여러분! 침착해야 합니다. ‘하늘이 무너져도 솟아날 구멍이 있다.’고 합니다.”

그는 “여러분! ‘시작이 반이다.’라는 말 들어 보셨죠?”라고 말하며 강연을 시작했다.

2. 마음속으로 한 말을 적을 때 쓴다.

‘이번에는 꼭 이기고야 말겠어.’ 호연이는 마음속으로 몇 번이나 그렇게 다짐했다.

나는 ‘일이 다 틀렸나 보군.’ 하고 생각하였다.

3. 문장에서 중요한 부분을 드러내기 위하여 드러냄표 대신 쓰기도 한다.

지금 필요한 것은 '진정한 용기'이다.

'배부른 돼지'보다는 '배고픈 소크라테스'가 되겠다.

- 소괄호(( ))

1. 주석이나 보충적인 내용을 덧붙일 때 쓴다.

톨스토이(19세기 러시아의 작가)의 말을 빌리면 다음과 같다.

2017. 12. 19.(화)

사군자(매화, 난초, 국화, 대나무)는 고결한 선비 정신을 상징한다.

2. 우리말 표기와 원어 표기를 아울러 보일 때 쓴다.

행운(幸運), 행복(幸福)　　커피(coffee), 에티켓(étiquette)

3. 생략할 수 있는 요소임을 나타낼 때 쓴다.

학교에서 동료 교사를 부를 때는 이름 뒤에 '선생(님)'이라는 말을 덧붙인다.

광개토(대)왕은 고구려의 전성기를 이끌었던 임금이다.

4. 희곡 등 대화를 적은 글에서 동작이나 분위기, 상태를 드러낼 때 쓴다.

"나는 언제나 웃으려고 노력해. 웃는 표정을 지으면 저절로 기분이 좋아지거든." (웃음)

5. 내용이 들어갈 자리임을 나타낼 때 쓴다.

우리나라의 수도는 (   )이다.

다음 빈칸에 알맞은 조사를 쓰시오.

주영이가 할아버지(   ) 꽃을 드렸다.

6. 항목의 순서나 종류를 나타내는 숫자나 문자 등에 쓴다.

사람의 인격은 (1) 용모, (2) 언어, (3) 행동, (4) 덕성 등으로 표현된다.

(가) 동해, (나) 서해, (다) 남해

• 중괄호({ })

1. 같은 범주에 속하는 여러 요소를 세로로 묶어서 보일 때 쓴다.

주격 조사 {이 / 가}

국가의 성립 요소 {영토 / 국민 / 주권}

2. 열거된 항목 중 어느 하나가 자유롭게 선택될 수 있음을 보일 때 쓴다.

아이들이 모두 학교 {에, 로, 까지} 갔어요.

• 대괄호([ ])

1. 고유어에 대응하는 한자어를 함께 보일 때 쓴다

나이 [年歲]　　낱말 [單語]　　손발 [手足]

2. 괄호 안에 또 괄호를 쓸 필요가 있을 때 바깥쪽의 괄호로 쓴다.

이번 회의에는 두 명[이혜정(실장), 박철용(과장)]만 빼고 모두 참석했습니다.

어린이날이 새로 제정되었을 당시에는 어린이들에게 경어를 쓰라고 하였다.
[윤석중 전집(1988), 70쪽 참조]

3. 원문에 대한 이해를 돕기 위해 설명이나 논평 등을 덧붙일 때 쓴다.

그것[한글]은 이처럼 정보화 시대에 알맞은 과학적인 문자이다.

그런 일은 결코 있을 수 없다. [원문에는 '업다'임.]

신경준의 ≪여암전서≫에 "삼각산은 산이 모두 돌 봉우리인데, 그 으뜸 봉우리를 구름 위에 솟아 있다고 백운(白雲)이라 하며 [이하 생략]"

- **겹낫표 (『 』)와 겹화살괄호(≪ ≫)**

책의 제목이나 신문 이름 등을 나타낼 때 쓴다.

우리나라 최초의 민간 신문은 1896년에 창간된 『독립신문』이다.

윤동주의 유고 시집인 ≪하늘과 바람과 별과 시≫에는 31편의 시가 실려 있다.

겹낫표나 겹화살괄호 대신 큰따옴표를 쓸 수 있다.

우리나라 최초의 민간 신문은 1896년에 창간된 "독립신문"이다.

윤동주의 유고 시집인 "하늘과 바람과 별과 시"에는 31편의 시가 실려 있다.

- **홑낫표 (「 」)와 홑화살괄호(〈 〉)**

소제목, 그림이나 노래의 제목, 상호, 법률, 규정 등을 나타낼 때 쓴다.

이 곡은 베르디가 작곡한 「축배의 노래」이다.

〈한강〉은 사진집 ≪아름다운 땅≫에 실린 작품이다.

홑낫표나 홑화살괄호 대신 작은따옴표를 쓸 수 있다.

이 곡은 베르디가 작곡한 '축배의 노래'이다.

'한강'은 사진집 "아름다운 땅"에 실린 작품이다.

• 줄표(—)

줄표의 앞뒤는 띄어 쓰는 것을 원칙으로 하되, 붙여 쓰는 것을 허용한다.

제목 다음에 표시하는 부제의 앞뒤에 쓴다.

이번 토론회의 제목은 '역사 바로잡기 — 근대의 설정 —'이다.

'환경 보호 — 숲 가꾸기 —'라는 제목으로 글짓기를 했다.

다만, 뒤에 오는 줄표는 생략할 수 있다.

이번 토론회의 제목은 '역사 바로잡기 — 근대의 설정'이다.

'환경 보호 — 숲 가꾸기'라는 제목으로 글짓기를 했다.

• 붙임표(-)

1. 차례대로 이어지는 내용을 하나로 묶어 늘어놓을 때 쓴다.

멀리뛰기는 도움닫기-도약-공중 자세-착지의 순서로 이루어진다.

이 실장은 기획-실무-홍보까지 직접 발로 뛰었다.

2. 두 개 이상의 어구가 밀접한 관련이 있음을 나타내고자 할 때 쓴다.

드디어 서울–시애틀의 항로가 열렸다.　원–달러 환율

한국–미국–일본 삼자 관계

• 물결표(~)

기간이나 거리 또는 범위를 나타낼 때 쓴다.

1월 23일~10월 1일　이번 시험의 범위는 15~72쪽입니다.

서울~아산 정도는 출퇴근이 가능하다.

물결표 대신 붙임표를 쓸 수 있다.

1월 23일–10월 1일　이번 시험의 범위는 15–72쪽입니다.

서울–아산 정도는 출퇴근이 가능하다.

• 드러냄표(˙)와 밑줄(___)

문장 내용 중에서 주의가 미쳐야 할 곳이나 중요한 부분을 특별히 드러내 보일 때 쓴다.

지금 필요한 것은 돈이 아니라 명예입니다.　다음 보기에서 형용사가 아닌 것은?

중요한 것은 왜 사느냐가 아니라 어떻게 사느냐이다.

드러냄표나 밑줄 대신 작은따옴표를 쓸 수 있다.

지금 필요한 것은 '돈'이 아니라 '명예'입니다.　다음 보기에서 형용사가 '아닌' 것은?

중요한 것은 '왜 사느냐'가 아니라 '어떻게 사느냐'이다.

- 숨김표(○, ×)

1. 금기어나 공공연히 쓰기 어려운 비속어임을 나타낼 때, 그 글자의 수효만큼 쓴다.

내가 트로피를 떨어뜨렸을 때, 입에서 ○○이란 말이 나올 뻔했어.

형은 트로피 떨어지는 소리를 듣는 순간 ×××란 소리를 지를 뻔했대.

2. 비밀을 유지해야 하거나 밝힐 수 없는 사항임을 나타낼 때 쓴다.

1차 시험 합격자는 김○영, 이○준, 박○순 등 모두 3명이다.

육군 ○○ 부대 ○○○ 명이 작전에 참가하였다.

그 회의의 발표자는 이×× 씨, 곽×× 씨 등 3명이었다.

- 빠짐표(□)

1. 옛 비문이나 문헌 등에서 글자가 분명하지 않을 때 그 글자의 수효만큼 쓴다.

大師爲法主□□賴之大□薦

2. 글자가 들어가야 할 자리를 나타낼 때 쓴다.

훈민정음의 초성 중에서 아음(牙音)은 □□□의 석 자다.

• 줄임표(……)

줄임표는 앞말에 붙여 쓴다. 다만, 3에서는 줄임표의 앞뒤를 띄어 쓴다.

1. 할 말을 줄였을 때 쓴다.

"어디 나하고 한번……." 하고 친구가 나섰다.　　"있잖아…… 어제 말이야……"

2. 말이 없음을 나타낼 때 쓴다.

"빨리 말해!"　　"……."

3. 문장이나 글의 일부를 생략할 때 쓴다.

'고유'라는 말은 문자 그대로 본디부터 있었다는 뜻은 아닙니다. …… 같은 역사적 환경에서 공동의 사고방식을 한국의 고유 사상이라 부를 수 있다는 것입니다.

4. 머뭇거림을 보일 때 쓴다.

"우리는 모두…… 그러니까…… 예외 없이 눈물만…… 흘렸다."

가운데 점 대신 아래쪽에 찍을 수도 있고, 여섯 점 대신 세 점을 찍을 수도 있다.

"어디 나하고 한번......." 하고 친구가 나섰다.

"어디 나하고 한번…." 하고 친구가 나섰다.

"실은...... 저 사람...... 우리 아저씨일지 몰라."

"실은... 저 사람... 우리 아저씨일지 몰라."

연습문제

01 서술, 명령, 청유 등을 나타내는 문장의 끝에 쓰는 문장 부호는?

① .　　② ?　　③ !　　④ ……　　⑤ ,

02 문장에서 끊어 읽을 부분임을 나타낼 때 쓰는 문장 부호는?

① “ ”　　② ‘ ’　　③ ,　　④ .　　⑤ !

03 대화를 표시하거나 직접 인용한 문장임을 나타낼 때 쓰는 문장 부호는?

① ‘ ’　　② !　　③ ,　　④ “ ”　　⑤ ?

04 “–”의 이름은?

① 마침표　　② 물결표　　③ 빗금　　④ 붙임표

05 다음 중 문장 부호를 알맞게 사용한 문장은 어느 것입니까?

① 이번 주말에는 영화를 볼까? 연극을 볼까?

② 나는 왜 이렇게 한심한 걸까.

③ ‘예. 알았습니다.’라고 말했다.

④ 6/25 전쟁 이후 남과 북이 분단되었다.

⑤ “너희는 “하늘이 무너져도 솟아날 구멍이 있다.”라는 말 못 들어봤니?”

06 다음 문장을 적절한 문장 부호를 사용해서 고쳐 보세요.

① 선생님께서 참 잘했구나라고 칭찬을 해 주셨다.

② 안 돼 도저히 그럴 수 없어.

③ 10/26 사태와 함께 제3공화국이 막을 내렸다.

④ 사과, 배, 감 등의 과일, 고등어, 꽁치, 삼치 등의 생선을 사 왔다.

⑤ 승민이는 “나하고 싸우자는 거니!”라고 소리쳤다.

07 '2007년 3월 12일'을 바르게 줄여 쓴 것은?

① 2007 · 3 · 12

② 2007. 3 · 12

③ 2007. 3. 12

④ 2007. 3. 12.

08 '1시 30분'을 바르게 줄여 쓴 것은?

① 1 : 30분 ② 1. : 30. ③ 1 : 30 ④ 1 : 30.

09 문장 부호를 바르게 사용한 것은?

① 존 · F · 케네디 대통령

② 8 · 15 광복

③ 충북 · 충남 · 관광지

④ 3.4분기

10 다음 중 문장 부호가 알맞게 사용되지 않은 문장을 모두 골라 보세요.

① 그녀는 서른다섯 살에 — 남들은 학부형이 되었을 나이에 — 첫아이를 낳았다.

② 나는 대한민국의 자랑스러운 "군인"입니다.

③ 원서 접수 기간은 1월 1일 ~ 1월 31일까지입니다.

④ 민준 · 혜경 · 송희가 먼저 오고, 지영 · 선우 · 민정이가 나중에 왔다.

⑤ 아니 이게, 누구야?

11 다음 중 따옴표 사용이 올바르지 못한 것을 골라 고쳐 보세요.

① '용기를 가져봐. "쥐구멍에도 볕들 날 있다."던데.'라고 그가 말했다.

② 11월 11일을 "빼빼로 데이"라고 한다며?

③ '누구, 아는 사람?'하고 선생님께서 질문을 하자 '네, 저요.'라고 대답했습니다.

④ '믿음', '소망', '사랑' 중 제일은 '사랑' 이다.

⑤ 사전 투표율이 "25%"가 넘으면 당선이 유력하대.

12 다음 중 " / "을 잘못 사용한 것은?

① 남궁만/남궁 만

② 대비 55/65 (55대 65)

③ 착한 사람/악한 사람

④ 3/20

⑤ 3/4분기

13 다음 중 문장 부호를 잘못 사용한 것은?

① 커피〈coffee〉는 기호식품이다.

② "눈이 저렇게 많이 쌓였는데 갈 수 있을까?"

③ 동사 · 형용사를 합하여 용언이라 한다.

④ "그렇다면 나하고 한번……."하고 형이 나섰다.

⑤ 톨스토이(19세기 러시아의 작가)의 작품 중 내가 가장 좋아하는 것은 《사람은 무엇으로 사는가》이다.

14 다음 (　) 속에 알맞은 문장 부호를 넣어 보세요.

① 가는 말이 고와야 오는 말이 곱다(　)

② 1919(　) 3(　) 1(　)

③ (　)일찍 일어나는 새가 벌레를 먼저 잡는다.(　)라는 말이 있다.

④ 3(　) 정보 수집하기

⑤ 내일도 눈이 많이 올까(　)

⑥ 하나(　) 둘(　) 셋(　) 넷.

⑦ 봄나물(　) 쑥, 냉이, 달래 등

⑧ 문장을 고치고(　) 다듬어 보자(　)

⑨ 맞닥뜨리다 (　) 맞닥트리다

⑩ (　)배부른 돼지(　)보다 (　)배고픈 소크라테스(　)가 되겠다.

15 ( ) 속에서 맞는 문장 부호에 O표 하세요.

① 선생님(.)(!)

② 짓(:)(–) 누르다

③ 3월 4일(~)(/)4월 5일

④ 내가 아끼던 꽃병이 그만(…….)(?)

⑤ 오천삼백육십 원(:)(/)5,360원

⑥ 당신의 고향은 전라도입니까(?)(,) 경상도입니까(?)(.)

⑦ 우리나라 최초의 민간 신문은 1896년에 창간된 (『)(“) 독립신문(”)(』)이다.

⑧ (‘)(“)여러분(?)(!) 침착해야합니다. (‘)(“)하늘이 무너져도 솟아날 구멍이 있다.(”)(’)고 합니다.(”)(’)

⑨ 얘야(,)(!) 그 책 가져오너라.

⑩ (“)(‘)빨리말해(?)(!) (”)(’)

정답

01 ①　02 ③　03 ④　04 ④

05 ②　(해설) ① 이번 주말에는 영화를 볼까, 연극을 볼까?
③ "예. 알았습니다."라고 말했다.
④ 6.25 전쟁 이후 남과 북이 분단되었다.
⑤ "너희는 '하늘이 무너져도 솟아날 구멍이 있다.'라는 말 못 들어봤니?"

06 ① 선생님께서 "참 잘했구나."라고 칭찬을 해 주셨다.
② 안 돼, 도저히 그럴 수 없어!
③ 10 · 26 사태와 함께 제3공화국이 막을 내렸다.
④ 사과 · 배 · 감 등의 과일, 고등어 · 꽁치 · 삼치 등의 생선을 사 왔다.
⑤ 승민이는 "나하고 싸우자는 거니?"라고 소리쳤다.

07 ④　08 ③

09 ②　(해설) ① 존 F · 케네디 대통령 ③ 충북 · 충남 관광지 ④ 3/4분기

10 ②, ③, ⑤　(해설) ② 나는 대한민국의 자랑스러운 '군인'입니다.
③ 원서 접수 기간은 1월 1일부터 1월 31일까지입니다.
⑤ 아니, 이게 누구야?

11 ① "용기를 가져 봐. '쥐구멍에도 볕들 날 있다.'던데."라고 그가 말했다.
② 11월 11일을 '빼빼로 데이'라고 한다며?
③ "누구, 아는 사람?"하고 선생님께서 질문을 하자 "네, 저요"라고 대답했습니다.
⑤ 사전 투표율이 '25%'가 넘으면 당선이 유력하대.

12 ② 대비 55 : 65 (55대 65)

13 ① 커피(coffee)는 기호식품이다.

14 ① 가는 말이 고와야 오는 말이 곱다(.)　② 1919 (.) 3 (.) 1 (.)
③ (")일찍 일어나는 새가 벌레를 먼저 잡는다(")라는 말이 있다.
④ 3 (.) 정보 수집하기　⑤ 내일도 눈이 많이 올까 (?)
⑥ 하나 (,) 둘 (,) 셋 (,) 넷.　⑦ 봄나물 (:) 쑥, 냉이, 달래 등
⑧ 문장을 고치고 (,) 다듬어 보자 (.)　⑨ 맞닥뜨리다 (/) 맞닥트리다
⑩ (')배부른 돼지 (')보다 (') 배고픈 소크라테스 (')가 되겠다.

15 ① 선생님(!) ② 짓(–) 누르다 ③ 3월 4일(~)4월 5일 ④ 내가 아끼던 꽃병이 그만(…….)
⑤ 오천삼백육십 원(/)5,360원 ⑥ 당신의 고향은 전라도입니까(,) 경상도입니까(?)
⑦ 우리나라 최초의 민간 신문은 1896년에 창간된 (『)독립신문(』)이다.
⑧ (")여러분(!) 침착해야 합니다. (')하늘이 무너져도 솟아날 구멍이 있다(')고 합니다.(")
⑨ 얘야(,) 그 책 가져오너라. ⑩ (")빨리 말해(!)(")

부록

1 _ 사전 찾는 법

2 _ 원고지 쓰는 법

3 _ 잘못 쓰고 있는 말 고쳐 쓰기

1 사전 찾는법

글을 읽다가 모르는 단어가 나오는 경우가 종종 있다. 글의 내용을 정확히 이해하기 위해서는 이러한 단어를 사전에서 찾아보아야 하므로 사전 찾는 법을 잘 익혀 두어야 한다.

사전에서 단어를 찾으려면 첫소리인 자음, 가운뎃소리인 모음, 끝소리인 받침의 순서대로 찾아야 한다. 사전에는 다음과 같은 차례로 자음과 모음이 나와 있다.

첫소리(자음)				
ㄱ(기역)	ㄲ(쌍기역)	ㄴ(니은)	ㄷ(디귿)	ㄸ(쌍디귿)
ㄹ(리을)	ㅁ(미음)	ㅂ(비읍)	ㅃ(쌍비읍)	ㅅ(시옷)
ㅆ(쌍시옷)	ㅇ(이응)	ㅈ(지읒)	ㅉ(쌍지읒)	ㅊ(치읓)
ㅋ(키읔)	ㅌ(티읕)	ㅍ(피읖)	ㅎ(히읗)	

가운뎃소리(모음)						
ㅏ(아)	ㅐ(애)	ㅑ(야)	ㅒ(얘)	ㅓ(어)	ㅔ(에)	ㅕ(여)
ㅖ(예)	ㅗ(오)	ㅘ(와)	ㅙ(왜)	ㅚ(외)	ㅛ(요)	ㅜ(우)
ㅝ(워)	ㅞ(웨)	ㅟ(위)	ㅠ(유)	ㅡ(으)	ㅢ(의)	ㅣ(이)

끝소리(받침)												
ㄱ	ㄲ	ㄳ	ㄴ	ㄵ	ㄶ	ㄷ	ㄹ	ㄺ	ㄻ	ㄼ	ㄽ	ㄾ
ㅀ	ㅁ	ㅂ	ㅄ	ㅅ	ㅆ	ㅇ	ㅈ	ㅊ	ㅋ	ㅌ	ㅍ	ㅎ

위의 자음, 모음, 받침을 차례대로 익혀 두면 사전 찾기가 훨씬 편리하다.

01 기본적인 사전 찾기

'법'이라는 낱말 찾기 → 'ㅂ + ㅓ + ㅂ'으로 자음, 모음, 받침을 나눠서 찾는다

1. '법'의 첫소리인 자음 'ㅂ'을 찾는다. 'ㅂ'은 'ㅁ' 뒤에 있다.
2. 'ㅂ'에 가운뎃소리인 모음 'ㅓ'를 붙여서 '버'를 찾는다. 'ㅓ'는 'ㅒ' 뒤에 있다. 가운뎃소리는 반드시 첫소리와 어울려 찾아야 한다. 이렇게 하면 '버'라는 낱말까지 찾은 것이다.
3. 마지막으로 '버'에 끝소리인 받침 'ㅂ'을 붙여서 '법'을 찾는다. 'ㅂ'은 'ㅁ' 뒤에 있다. 이렇게 '법'이라는 낱말을 찾을 수 있다.

'쓰다'라는 낱말 찾기 → 'ㅆ + ㅡ'와 'ㄷ + ㅏ'로 나눠서 찾는다

1. '쓰'의 첫소리인 자음 'ㅆ'을 찾는다. 'ㅆ'은 'ㅅ' 뒤에 있다.
2. 'ㅆ'에 모음 'ㅡ'를 붙여서 '쓰'를 찾는다. 'ㅡ'는 'ㅠ' 뒤에 있다.
3. '쓰'에 이어지는 다음 낱말인 '다'를 찾는다. 자음 'ㄷ'을 먼저 찾고 모음 'ㅏ'를 찾는다. 두 글자 이상일 때는 이렇게 한 글자 한 글자를 나눠서 찾으면 된다.

02 그 밖에 사전을 찾을 때 주의할 점

동사나 형용사를 찾을 때는 반드시 기본형으로 바꾸어 찾아야 한다. 기본형은 변화하거나 활용하는 것의 본디 모양, 또는 본디 형식을 말한다. 활용어의 기본 형태는 '-다'가 붙은 것이다. 예를 들어 '높고, 높으니, 높아서'의 기본형은 '높다'이며, '있고, 있으니, 있어서'의 기본형은 '있다'이다.

기본형	활용형					
높다	높고	높으니	높아서	높으니까	…	…
있다	있고	있으니	있어서	있으니까	…	…
먹다	먹고	먹으니	먹어서	먹으니까	…	…
앉다	앉고	앉으니	앉아서	앉으니까	…	…
서다	서고	서니	서서	서니까	…	…
졸다	졸고	조니	졸아서	조니까	…	…
자다	자고	자니	자서	자니까	…	…
기다	기고	기니	기어서	기니까	…	…
긁다	긁고	긁니	긁어서	긁으니까	…	…
보다	보고	보니	보아서	보니까	…	…

꼭 알아두세요

사전 안에는 낱말 하나에 뜻풀이가 여러 가지 있다. 그중 자신이 찾는 낱말이 의미하는 뜻을 정확히 골라내는 것이 사전 찾기의 중요한 목표다. 읽고 있는 글의 문맥을 참고해 필요한 뜻을 구분하고, 그 외의 뜻은 훑어 읽으면 된다. 한자로 이뤄진 낱말은 어떤 한자를 썼는지 보면 낱말의 뜻을 쉽게 찾을 수 있고 한자 공부에도 도움이 된다.

2 원고지 쓰는 법

01 첫머리 쓰기

글의 종류 쓰기

원고지의 첫 번째 행 두 칸부터 글의 종류를 표시한다. 가령 수필이면 〈수필〉이라 쓰고, 그 밖에 〈소설〉, 〈시〉, 〈독서감상문〉, 〈평론〉, 〈일기〉, 〈기행문〉처럼 표시해 준다.

제목과 부제 쓰기

1. 제목은 2행 가운데에 놓이게 하며, 제목이 두 글자 일 때는 두 칸 정도 벌려 쓴다.
2. 제목을 쓸 때는 마침표, 물음표, 느낌표, 줄임표는 사용하지 않는다.
3. 제목이 길 때는 두 행에 걸쳐서 쓴다. 첫 행은 왼쪽으로, 둘째 행은 오른쪽으로 해서 두 행을 잡아 쓴다.
4. 부제가 있으면 본 제목 아랫줄에 쓰고 양 끝에 줄표를 한다.

소속과 이름 쓰기

1. 제목 바로 다음의 두 행 오른쪽으로 전체 균형을 잡아 소속과 이름을 적는다. 소속의 끝 글자 바로 밑에 이름의 끝 글자가 오게 하여 위와 아래를 맞추고, 끝 글자 뒤에는 한두 칸 정도 비운다.
2. 소속 없이 이름만 적거나 소속, 이름을 한 줄에 적는 경우에는 제목 아래 한 줄을 비워 답답하지 않게 한다.
3. 학교 안에서 보일 원고는 소속을 '○○ 학교'라고 표시할 필요 없이 '학년, 반, 번호'만 적거나 간단하게 '학번'으로 나타낸다.

02 본문 쓰기

1. 글자는 한 칸에 한 자씩만 쓴다. 다만, 알파벳(소문자)이나 숫자 등은 한 칸에 두 자씩 쓰는 것이 좋으며, 모든 문장 부호도 각각 한 칸을 차지하는 것이 좋다. (알파벳 대문자는 한 칸에 한 자씩 쓴다.)
2. 문단의 첫머리는 한 칸을 비우고 둘째 칸부터 쓰기 시작한다. 이것은 새로운 문단의 시작을 뜻한다. 새로운 문단이 시작될 때만 첫 칸을 비운다. (줄의 맨 끝에 비울 칸이 없을 경우에도 다음 줄 첫 칸을 비우지 않는다. 이런 경우 줄의 맨 끝에 띄어쓰기 표(∨)를 하고 다음 줄 첫 칸은 붙여 쓴다.)
3. 원래 문장 부호 다음 칸에도 비우는 것이 원칙이나 쉼표(,)와 마침표(.) 다음에는 한 칸을 비우지 않는 것이 일반적이다.
4. 문장 부호가 찍혀야 할 자리에 줄이 끝나고 다음 줄로 넘어갈 경우, 그 문장 부호를 다음 줄 첫 칸으로 넘기지 않는다. 이런 경우 문장 부호를 마지막 칸 속에 함께 표시하거나 임의로 칸을 만들어 표시한다. 이는 줄 첫머리가 마침표와 쉼표로 시작되는 것을 피하기 위해서이다.
5. 대화는 줄을 바꾸어 쓰며 큰따옴표(" ")를 붙인다. 줄의 첫 칸을 비우고, 둘째 칸에 따옴표가 오게 한다. 또한 대화나 인용 부분 전체를 한 칸씩 들여 쓰는 것이 원칙이다.
6. 대화나 인용문에서 따옴표를 쓰지 않을 때는 위 아래로 한 줄씩 비워 둔다.

〈보기 1〉
글의 종류, 제목, 소속과 이름 쓰기

	〈	수	필	〉															
								약			속								
									서	울		희	망		초	등	학	교	
											3	의		5		양	보	람	

〈보기 2〉

글의 종류별 본문 쓰기 1

〈논설문〉

책을 읽자

서울 나라 초등학교

6의 3 김영희

책을 읽는 사람의 모습은 참으로 아름답다. 많은 책을 읽으면서도, 우리는 그동안 독서의 중요성을 알지 못하고 있었다.

글의 종류별 본문 쓰기 2

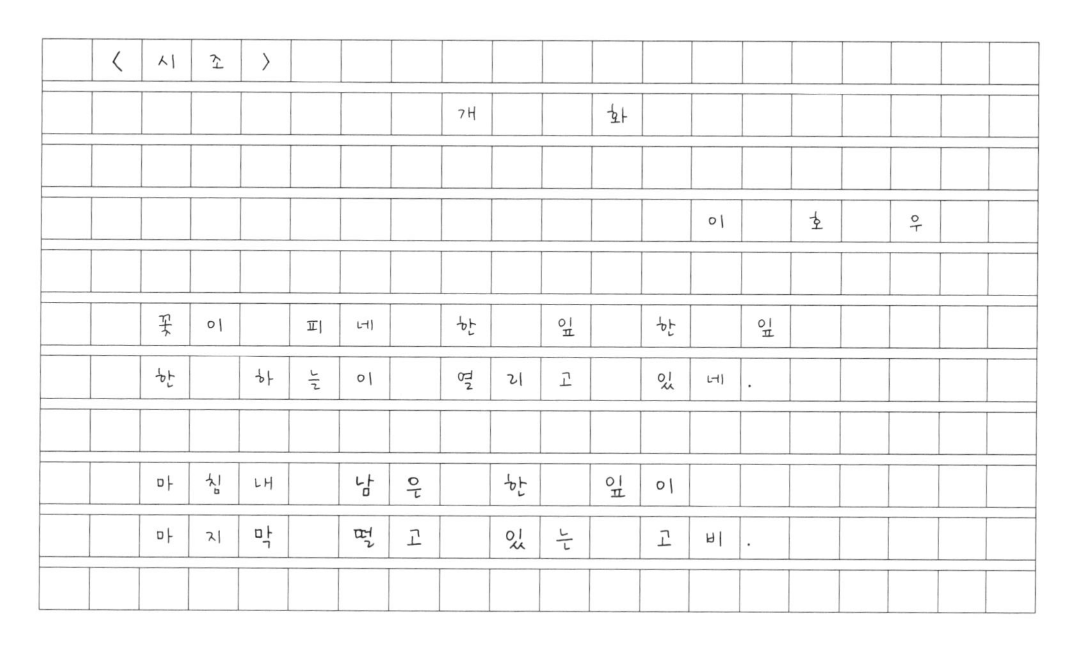

〈보기 3〉

본문 쓰기 1

사형을 당하기 전에 안 의사는 동포들에게 유언을 했다. 그는 "나는 천국에 가서도 우리나라의 독립을 위하여 힘쓸 것이다. 대한 독립의 소리가 천국에 들려오면, 나는 거기서 춤을 추며 만세를 부르겠다."고 했다.

본문 쓰기 2

의인법이란 사물을 사람인 것처럼 나타내는 표현 방법이다. 예를 들면 다음과 같다.

한들한들 춤을 추는 아카시아.
해님이 웃고 있어요.

본문 쓰기 3

학교에 갔더니 친구들은 선생님이 내
준 숙제를 하느라 정신이 없었다.
"왜 숙제를 지금 하고 있는 거야?"
라고 물었더니 친구는 이렇게 말했다.
"너는 다 했어? 나는 선생님이 내준 V
숙제가 너무 많아서 어제도 12시까지 V
하다가 결국 못 끝내고 지금까지 하
는 거야……."
그때 웅성거리는 소리가 들리더니 선
생님이 문을 열고 들어오셨다.
"지금 숙제하고 있는 사람, 누구야?"

3 잘못 쓰고 있는 말 고쳐 쓰기

01 한문 투의 말 고쳐 쓰기

우리말은 많은 단어가 한자어로 이루어져 있다. 다음 낱말들은 한자어의 원래 뜻을 살려 우리말로 고쳐 적는다.

ㄱ

가가호호(家家戶戶) → 집집마다, 집집이	가격(價格) → 값
가계(家計) → 살림살이	가공(可恐)할 → 두려워할
가관(可觀) → 볼만함 (비웃는 뜻)	가급적(可及的) → 될 수 있는 대로, 되도록
가능(可能)한 → 될 수 있는, 할 수 있는	가미(加味) → 맛을 더함 (보탬)
가사(家事) → 집안일	각개(各個) → 따로따로
각계(各界) → 여러 분야	각기(各己) → 저마다
각자(各自) → 저마다, 제각기, 제각각	각종(各種) → 여러 가지
각처(各處) → 여러 곳	각하(却下) → 물리침
간격(間隔) → 사이 (틈)	간과(看過) → 예사로 보아 넘김
간략(簡略) → 간단하게 줄임, 줄임	간주(看做)함 → 여김, 봄, 침
간혹(間或) → 이따금, 종종	감안(勘案)하여 → 살피어, 생각하여
개최(開催)하다 → 열다	거금(巨金) → 많은 돈
거행(擧行)하다 → 올리다, 치르다	게양(揭揚)토록 → 달도록, 올리도록
게재(揭載)하다 → 싣다	견적(見積) → 어림셈
견지(見地) → (살피는) 처지, 관점	견학(見學) → 보고 배움
결여(缺如) → 모자라다	결점(缺點) → 흠

겸(兼)하여 → 아울러	경(頃) → 쯤, 무렵
경유(經由)하여 → 거쳐	경합(競合) → 겨룸, 견줌
고수부지(高水敷地) → 둔치, 강턱	고의(故意)로 → 일부러
곤란(困難) → 어려움	공란(空欄) → 빈칸
공연(空然)히 → 괜히, 쓸데없이	공헌(貢獻) → 이바지
과거(過去) → 지난날	과다(過多)하게 → 너무 많이
과장(誇張)하다 → 너무 자랑하다, 부풀리다	광채(光彩) → 밝은 빛
구두(口頭)로 → 말로	구비(具備)한 → 갖춘
균등(均等)히 → 고르게	균일(均一) → 똑같음
그 외(外)에 → 그 밖에	근근(僅僅)이 → 겨우, 가까스로
근원(根源) → 본바탕	금주(今週) → 이번 주
기간(其間) → 그동안, 그사이	기약(期約) → 약속
기어(期於)이 → 꼭, 부디, 마침내	기왕(既往) → 이미, 어차피
기존(既存)의 → 이미 있는	기탄(忌憚)없이 → 거리낌 없이
기필(期必) → 꼭, 반드시	기합(기압)(氣合) → 혼내기, 벌주기

ㄴ

나대지(裸垈地) → 빈 집터	나열(羅列)하다 → 늘어놓다, 벌이다
납기(納期) → 내는 날	납득(納得) → 이해
납입(納入) → 납부, 냄, 치름	노임(勞賃) → 품삯
누누(屢屢)이 → 여러 번	누락(漏落) → 빠트림, 빠짐
누수(漏水) → 새는 물, 물이 샘	누차(累次) → 여러 번, 여러 차례

ㄷ

다년간(多年間) → 여러 해 동안	단(但) → 다만
단서(端緖) → 실마리	단합(團合) → 뭉침
답신(答申) → 대답	당시(當時) → 그때
당연(當然) → 마땅히	당일(當日) → 그 날
당장(當場) → 곧	당초(當初) → 맨 처음
당혹(當惑) → 당황	대개(大槪) → 거의
대단(大端)히 → 매우	대동소이(大同小異) → 거의 같음
대비(對比)하여 → 견주어	도모(圖謀) → 일을 꾀하다
도처(到處)에 → 곳곳에	도합(都合) → 모두, 합계
돌연(突然) → 별안간	동일(同一)한 → 같은
두개골(頭蓋骨) → 머리뼈	등(等) → 들, 따위

ㅁ

만개(滿開) → 활짝 핌, 만발	만전(萬全) → 완전 (빈틈없이)
만천하(滿天下) → 온 세상	말단(末端) → 끝
말소(抹消) → 지움, 지워 없앰	매(枚) → 장
매도(賣渡) → 팔아넘김	매번(每番) → 번번이
매사(每事) → 일마다	매월(每月) → 달마다, 다달이
매일(每日) → 나날이, 날마다	매입(買入) → 사(들이)기
매주(每週) → 주마다	면적(面積) → 넓이
명기(明記) → 분명히 기록함	모처(某處) → 아무 데, 어떤 곳
목전(目前) → 눈앞	무방(無妨) → 괜찮음
문자(文字) → 글자	문체(文體) → 글투
물론(勿論) → 말할 것 없이	미명(未明) → 날 밝기 전
미비(未備)하다 → 덜 갖추다	미숙(未熟) → 서투름

ㅂ

박두(迫頭) → 닥쳐옴	반복(反復) → 되풀이
반입(搬入) → 실어옴, 실어들임	반환(返還) → 돌려줌
발매(發賣) → 팔기	발신인(發信人) → 보낸 이
방향(方向) → 편, 쪽	별도(別途) → 따로
별표(別表) → 따로 붙인 표	보합세(步合勢) → 주춤세, 멈춤세
본래(本來) → 본디	본색(本色) → 바탕
본질(本質) → 본바탕	부단(不斷)히 → 꾸준히, 끊임없이
부득이(不得已) → 할 수 없이	부락(部落) → 마을, 동네
부록(簿錄) → 딸림책	부분(部分) → 한쪽
부지(敷地) → 터, 대지	부지기수(不知其數) → 매우 많음
부지불식(不知不識) → 모르는 사이	분말(粉末) → 가루
불가능(不可能) → 할 수 없음, 안 됨	불의(不意) → 뜻밖
불하(拂下) → 매각, 팔아 버림	불허(不許) → 허락하지 아니함
비고(備考) → 참고	비단(非但) → 다만, 오직

ㅅ

사각(四角) → 네모	사물함(私物函) → 개인 (물건) 보관함
사양서(仕様書) → 설명서, 시방서	사용(使用) → 씀, 부림
사원(寺院) → 절	사재(私財) → 개인 재산
사찰(寺刹) → 절	상가(喪家) → 초상집
상시(常時) → 늘	상이(相異)한 → 서로 다른
상종가(上終價) → 상한가	상호(相互) → 서로
서점(書店) → 책가게, 책방	석간(夕刊) → 저녁 신문
선불(先拂) → 선지급	설혹(設或) → 혹시
소감(所感) → 느낀 바	소견(所見) → 생각

소기(所期)의 → 기대하는 바	소위(所爲) → 이른바
소임(所任) → 맡은 일	소지(所持) → 가짐
속(速)히 → 어서 빨리	수면(睡眠) → 잠
수순(手順) → 순서, 절차, 차례	수신인(受信人) → 받는 이
수족(手足) → 손발	수중(水中) → 물 속
수취(受取) → 수령, 받음	순번(順番) → 차례
시급(時急) → 급함, 바쁨	시비(是非) → 잘잘못
시사(示唆) → 귀띔	식단(食單) → 차림표
식상(食傷) → 싫증 남, 물림	신년(新年) → 새해
신품(新品) → 새것	실습(實習)하다 → 실제로 해 보다
십팔번(十八番) → 단골 장기, 단골 노래	쌍방(雙方) → 양쪽

ㅇ

악의(惡意) → 해칠 마음	안면(顔面) → 얼굴, 친분 (낯)
안색(顔色) → 얼굴빛	압수(押收) → 거둬 감
야간(夜間) → 밤	양편(兩便) → 두 편
어조(語調) → 말투	여백(餘白) → 빈 곳
여분(餘分) → 나머지	여타(餘他) → 다른 (그 밖에)
여파(餘波) → 남은 영향	여하간(如何間) → 어쨌든, 아무튼
역대(歷代) → 지난 대	역시(亦是) → 또한
역할(役割) → 구실, 노릇 (맡은 일)	연고(緣故)로 → 그러므로
연령(年齡) → 나이	연유(緣由) → 까닭
연일(連日) → 날마다, 밤낮없이	연중(年中) → 그 해 동안
연후(然後)에 → 그러한 뒤에	염증(厭}症) → 싫증
예시(例示) → 보이기, 보기	옥상(屋上) → 지붕 위
옥외(屋外) → 바깥	완결(完結) → 끝냄

완구(玩具) → 장난감	완료(完了) → 끝냄, 마침
외부(外部) → 바깥쪽	요금(料金) → 값
요망(要望) → 바람	용건(用件) → 볼 일
용도(用度) → 쓰이는 곳	용이(容易) → 쉽사리
우선(于先) → 먼저	운임(運賃) → 찻삯, 짐삯
원(願)컨대 → 바라건대	원래(元來) → 전부터, 본디
원망(願望) → 소원, 바람	위시(爲始)하다 → 비롯하다
위조(僞造) → 속여 만듦	위촉(委囑) → 맡김
유사(類似)하다 → 비슷하다	유일(唯一) → 오직 하나
유휴지(遊休地) → 노는 땅	윤곽(輪廓) → 테두리
음용수(飮用水) → 먹는 물, 마시는 물	의당(宜當) → 마땅히
의미(意味) → 뜻	의외(意外) → 뜻밖, 생각 밖
의중(意中) → 마음속, 속마음	익일(翌日) → 다음날, 이튿날
인출(引出)하다 → 찾다, 찾아가다	일상(日常) → 늘, 언제나
일인당(一人當) → 한 사람 앞에	일종(一種) → 한 가지 종류
임의(任意)로 → 마음대로	임파선(淋巴腺) → 림프샘
입장(立場) → 처지	입회(立會) → 참여, 참관

ㅈ

잔고(殘高) → 잔액, 나머지	잔반(殘飯) → 남은 밥, 음식 찌꺼기
잠시(暫時) → 잠깐	장소(長所) → 곳, 자리
장차(將次) → 앞으로, 장래에	재삼(再三) → 여러 번, 거듭
재차(再次) → 두 번째	저명(著名)한 → 이름난
저자(著者) → 지은이	적당(適當)하게 → 알맞게
적립(積立) → 모음	적합(適合)하다 → 알맞다
전반(全般) → 모든 것	전번(前番) → 지난 번

전부(全部) → 온통, 죄다	전술(前述)한 → 앞에 말한
전신(全身) → 온몸	전언(傳言) → 알림글
전연(全然) → 도무지, 전혀	전향적(轉向的) → 적극적, 진취적, 앞서감
절취(切取) → 자름, 자르기	절하(切下)하다 → 깎아내리다, 낮추다
점(點)하다 → 차지하다	점포(店鋪) → 가게
정(正)히 → 바로, 틀림없이	정당(正堂)한 → 옳고 바른
제반(諸般) → 여러 가지	조간(朝刊) → 아침 신문
조달(調達) → 대어 줌, 마련	조만간(早晩間) → 빠르거나 늦거나, 곧
조화(調和) → 어울림	조회(照會) → 알아 보기
종래(從來) → 이전, 예전	종전(從前) → 그 전부터
종종(種種) → 가끔, 이따금	좌우간(左右間) → 아무튼
주부(主婦) → 안주인	주지(周知)시키다 → 두루 알리다
중간(中間) → 가운데	중차대(重且大)하다 → 중대하다, 심각하다
즉시(卽時) → 곧(선뜻)	지분(持分) → 몫
지참(持參) → 지니고 옴	진의(眞意) → 참뜻

ㅊ

차압(差押) → 압류	차출(差出) → 뽑아냄
차후(此後) → 앞으로	천부(天賦) → 타고남
천신만고(千辛萬苦) → 온갖 고생	첨가(添加) → 덧붙임
첨부(添付) → 붙임	체중(體重) → 몸무게
초래(招來)하다 → 가져오다, 하게 하다	최종(最終) → 마지막
최하(最下) → 맨 아래	추월(追越) → 앞지르기
추첨(抽籤) → 제비뽑기	추후(追後) → 나중, 다음, 뒤
충분(充分)한 → 넉넉한	취급(取扱) → 다룸

ㅌ

타(他) → 다른	타파(打破) → 없앰
태반(太半) → 거의	토대(土臺) → 밑바탕
통찰(通察)하다 → 살피다	통첩(通牒) → 알림

ㅍ

편파적(偏頗的)인 → 한쪽으로 치우친	폐일언(蔽一言) → 한마디로
품절(品切) → 물건이 없음	풍부(豊富)한 → 많은, 넉넉한
피부(皮膚) → 살갗	필(必)히 → 반드시, 꼭
필경(畢竟) → 마침내	필시(必是) → 반드시, 꼭
필연(必然) → 반드시, 꼭	피상적(皮相的)인 → 겉핥기의

ㅎ

하등(何等)의 → 아무런	하여간(何如間) → 어쨌든
하중(荷重) → 짐무게	할당(割當) → 떼어 맡김
항상(恒常) → 늘, 언제나	항시(恒時) → 늘
행선지(行先地) → 가는 곳	향후(向後) → 이다음, 앞으로
호조(好調) → 순조	혹성(惑星) → 행성
혹자(或者) → 어떤 사람, 어떤 이	혼신(渾身)의 → 온
화물(貨物) → 짐	환언(換言)하면 → 바꾸어 말하면
회람(回覽) → 돌려보기	회합(會合) → 모임
휴일(休日) → 쉬는 날	흡사(恰似) → 거의 같음, 비슷함

02 일본말에서 온 말 고쳐 쓰기

우리가 자주 쓰는 말 중에는 순우리말처럼 느껴져 다른 나라에서 온 말이라는 것을 쉽게 느낄 수 없는 것들이 많다. 아래의 일본말에서 온 외래어들은 다음과 같이 순화하여 적는다.

가케우동 → 가락국수	곤색 → 진남색, 감색
곤조 → 본성, 심지, 근성	구루마 → 수레, 달구지
쿠사리 → 꾸중, 야단, 핀잔	기스 → 흠, 상처
꼬붕 → 부하	낑깡 → 금귤
나가리 → 깨짐, 허사, 무효	나베우동 → 냄비국수
난닝구(영_running) → 러닝셔츠	노가다 → 노동자, 막노동꾼
다꾸앙 → 단무지	다대기 → 다진 양념
다라이 → 큰 대야, 함지박	다마 → 구슬, 알, 전구, 당구
다마네기 → 양파	단도리 → 준비, 단속
대하 → 큰 새우	데꾸보꾸 → 울퉁불퉁
데모도 → 곁꾼, 조수	뎃빵 → 우두머리, 두목, 철판
도쿠리(도꾸리) → 긴 목 셔츠, 조막 병	돈가스(영_cutlet) → 돼지고기 커틀릿(튀김)
돈부리(돔부리) → 덮밥	뗑깡 → 생떼, 행패, 어거지
땡땡이 → 물방울(무늬)	뜬뜬 → 득실 없음, 본전
레자(영_leather) → 인조가죽 (원뜻은 가죽)	마구로 → 다랑어
마키(마끼) → 두루마리, 말이, 김말이	마호병 → 보온병
만땅(영_滿tank) → 가득	모찌떡 → 찹쌀떡
몸뻬 → 일바지, 허드렛바지	무뎃뽀 → 앞 뒤 생각 없이 무턱대고 하는 모양
미싱(영_machine) → 재봉틀	바리캉(프_bariquant) → 이발기
바케쓰(영_bucket) → 양동이	비까번쩍하다 → 번쩍번쩍하다
빠꾸(영_back) → 뒤로, 후진, 퇴짜	보루박스(영_board box) → 종이 상자

빤쓰(영_pants) → 팬티	빵꾸(영_puncture) → 구멍
뻬빠(영_sand paper) → 사포	뼁끼(영_paint) → 페인트
사라 → 접시	사라다(영_salad) → 샐러드
사시미 → 생선회	사쿠라(사꾸라) → 벚꽃, 벚나무, 사기꾼,
세무(쎄무)가죽(영_chamois) → 섀미가죽	소데나시 → 민소매, 맨팔 옷
소라색 → 하늘색, 하늘 빛깔	소바 → 메밀(국수)
소보로빵(소보루빵) → 곰보빵	쇼부 → 흥정, 결판
스시 → 초밥	시다바리 → 밑일꾼, 곁꾼, 보조원
시마리(히마리) → 맥	시다 → 보조원, 조수, 밑일꾼, 곁꾼
신삥 → 새것, 신품	싱 → 심(지), 속
쓰키다시 → 덧붙임, 기본 안주, 곁들이 안주	쓰리 → 소매치기
쓰메키리 → 손톱깎기	쓰봉(프_jupon) → 양복바지
아나고 → 붕장어, 바다 장어	앙꼬 → 단팥
야끼만두 → 군만두	에리 → 옷깃
엑기스 → 농축액	오뎅 → 꼬치(안주)
오봉 → 쟁반	오야붕 → 우두머리, 두목, 책임자
오야지 → 우두머리, 두목, 책임자	올드미스(영_old miss) → 노처녀
와리바시 → 나무젓가락	와사비 → 고추냉이
요지 → 이쑤시개	우동 → 가락국수
우라 → 안감	유도리 → 융통, 여유
잇빠이 → 가득히	잣쿠(영_zipper) → 지퍼
자몽 → 그레이프프루트	조끼(영_jug) → 잔
지라시(찌라시) → 선전지, 낱장, 광고	복지리 → 복국, 복 싱건탕
지지미 → 쫄쫄이	추리닝(영_training) → 운동복, 트레이닝복
캄푸라치(프_camouflage) → 거짓 꾸밈, 위장	후라이(영_fry) → 튀김, 부침, 거짓말
후로쿠(후로꾸) → 엉터리	히야카시 → 희롱

03 그 밖의 잘못된 우리말 고쳐 쓰기

ㄱ

O	X
가겟집	가게집
가르마	가리마
강낭콩	강낭콩
간질이다	간지르다
가냘프다	갸냘프다
개구쟁이[1]	개구장이
(맑게) 개다	개이다
개수	갯수
개비	개피
거르다	걸르다
거친	거칠은
건넌방	건너방
걸맞은	걸맞는
겸연쩍다	겸언적다
계면쩍다	계면적다
고갯짓	고개짓
고랭지	고냉지
~고자 한다	~고저 한다
골칫거리	골치거리
곱슬머리	꼽슬머리
곰곰이	곰곰히
곱빼기	곱배기
구더기	구데기
구레나룻	구렛나루, 구렛나룻
–구려	–구료

1) **개구쟁이** : '–장이'와 '쟁이'는 각각 뜻이 다르다. 그 말이 기술자를 뜻하는 말이면 '–장이'를, 그렇지 않으면 '–쟁이'를 붙여야 한다.

O	X
구절	귀절
귀이개	귀지개
굼벵이	굼뱅이
굽이굽이	구비구비
귀고리	귀거리
귀띔	귀뜸
그깟일	그깐일
금세	금새
–기에	–길래
깊숙이	깊숙히
까다로워	까다로와
깍두기	깍뚜기(깎두기)
깍지	깎지
깔때기	깔대기
꼭두각시	꼭둑각시
꼼꼼히	꼼꼼이
꽃봉오리	꽃봉우리
끄나풀	끄나불
끼어들다	끼여들다
깡충깡충	깡총깡총

ㄴ

O	X
나는	날으는
나루터	나룻터
나무꾼	나뭇꾼
나무라다	나무래다
나뭇가지	나무가지
나부랭이	나부랑이
낚시꾼	낚싯꾼

O	X
낚싯줄	낚시줄
난쟁이	난장이
날개	나래
날개돋친듯	날개돋힌듯
남녀	남여
낭떠러지	낭떨어지
낯선	낯설은
내건	내걸은
내로라하는	내노라하는
냄비	남비
넋두리	넉두리
널따랗다	넓다랗다
널빤지	널판지
넷째('제4, 네 개째'의 뜻)	네째
녘(새벽녘, 들녘)	녁(새벽녁, 들녁)
노랑이[2]	노랭이
눈곱	눈꼽
눈살	눈쌀
늘그막	늙으막
늦깎이	늦깍이

ㄷ

O	X
닦달하다	닥달하다
단칸방	단간방
담가(장을 담그다)[3]	담궈, 담아
담뱃갑	담배갑
담뱃불	담배불
담쟁이덩굴	담장이덩굴
대가	댓가

O	X
더욱이[4]	더우기
덤터기	덤태기
덥석	덥썩
덩굴	덩쿨
(물) 데우는	뎁히는
도르래	도르레
돌멩이	돌맹이
돌잔치[5]	돐잔치
돼먹지 않다	되먹지 않다
되뇌다	되뇌이다
두리뭉실하다	두리뭉술하다
둘째('제2, 두 개째'의뜻)	두째
뒤덮이다	뒤덮히다
뒤처리	뒷처리
뒤치다꺼리	뒤치닥거리
뒹굴다	딩굴다
들러리	둘러리
~에 들르셔서	~에 들리셔서
등쌀	등살
딱따구리	딱다구리
딸꾹질	딸국질
떠들썩하다	떠들석하다
떠버리	떠벌이
떡볶이	떡복기, 떡복이
똬리	또아리
띄엄띄엄	띠엄띠엄

2) **노랑이 :** '구두쇠'를 이르는 말
3) **담가 :** 기본형은 '담구다', '담다'가 아니라 '담그다'이다.
4) **더욱이 :** 과거에는 '더우기'를 옳은 표현으로 했으나, 현재는 '더욱이'를 옳은 표기법으로 쓰고 있다.
5) **돌잔치 :** 예전에는 '돌'과 '돐'을 구별하여 둘 다 사용했다. '돌'은 '생일'을, '돐'은 '주기'를 나타내는 말이었다. 그러나 새 표준어 규정에는 생일, 주기를 가리지 않고 '돌'로 쓰고 있다.

ㄹ

O	X
-ㄹ게요	-ㄹ께요
-ㄹ는지	-ㄹ런지
-ㄹ쏘냐	-ㄹ소냐

ㅁ

O	X
마라(말라)	말아라
만날	맨날
맛깔스러운	맛깔진
망측하다	망칙하다
맵시	맵씨
머리말	머릿말
머릿결	머리결
머릿속	머리속
머지않아	멀지않아
멀찍이	멀찌기
멋들어지다	멋드러지다
멋쟁이	멋장이
멋쩍다	멋적다
메밀묵	모밀묵
메우다	메꾸다
며칠	몇일
목청 돋워	목청 돋궈
무	무우
무동 태우다	무등 태우다
무릅쓰다	무릎쓰다
미숫가루	미싯가루
밀어붙이다	밀어부치다

	O	X
ㅂ	바닷속	바다속
	바라	바래
	바람[6]	바램
	바윗굴	바위굴
	바짓가랑이	바짓가랭이
	반짇고리	반짓고리
	발꿈치	발굼치
	발자국	발자욱
	방귀	방구
	배당률	배당율
	번번히	번번이
	법석	법썩
	베개	배게
	본뜨다	본따다
	볼썽사나운	볼상사나운
	부스스하다	부시시하다
	부엌데기	부엌떼기
	부잣집	부자집
	부조	부주
	불리다	불리우다
	불문율	불문률
	비비며	부비며
	빈털터리	빈털털이
	빨랫줄	빨래줄
	뻐꾸기	뻐꾹이
	뻗대다	뻣대다
	뿌리째	뿌리채

6) **바람** : '이루어지기를 바라는 것, 소망, 염원'의 뜻으로 동사 '바라다'에 명사형 어미 '–ㅁ' 이 붙은 것이다. '바램'은 '(빛이) 바래다'의 명사형으로 뜻이 다르므로 구분하여 써야한다.

ㅅ

O	X
사글세	삭월세
사돈	사둔
사흗날	사흘날
산봉우리	산봉오리
살쾡이	삵쾡이
삼가다	삼가하다
삼촌	삼춘
상추	상치
생각건대	생각컨대
서슴지 않고	서슴치 않고
섣달	섯달
설거지[7]	설겆이
설렁탕	설농탕
설레다(설렘)	설레이다(설레임)
성대모사	성대묘사
세숫대야	세수대야
셋방	세방
셋째('제3, 세 개째'의 뜻)	세째
손칼국수	손칼국시
송두리째	송두리채
수꿩	수퀑(숫꿩)
수나사	숫나사
수놈	숫놈
수돗물	수도물
수말	숫말
수소	숫소
수캉아지	숫강아지
수캐	숫개

7) **설거지 :** 예전에는 '설겆다'라는 동사에서 파생된 '설겆이'가 맞는 표기였으나 '설겆다'라는 동사가 없어지고 어원 의식이 사라지면서 '설거지'로 바뀌었다.

O	X
숙맥	쑥맥
숟가락	숫가락
승강이[8]	실갱이
실낱	실날
쌈짓돈	쌈지돈
쌍둥이(팔삭둥이)	쌍동이
쌍룡	쌍용
씁쓸하다	씁슬하다

ㅇ

O	X
아둥바둥	아등바등
아무튼	아뭏든
아지랑이	아지랭이
안쓰럽게	안스럽게
안절부절못하다	안절부절하다
안팎	안밖
알맞은	알맞는
알맹이	알멩이
알아맞히다	알아맞추다
암고양이	암코양이
암캐	암개
앞서거니 뒤서거니	앞서거니 뒷서거니
애송이	애숭이
야트막하다	얕으막하다
어느덧	어느듯
어물쩍	어물적
어쨌든	어쨋든

8) **승강이 :** '승강이'와 같은 뜻으로 '실랑이'도 쓰인다. 둘 다 서로 자기 주장을 고집하여 옥신각신함을 이르는 말이다. '실랑이'는 이에 더하여 '남을 못살게 굴거나 괴롭히는 말'의 뜻도 있다.
예) 두 차의 운전자가 서로 자기가 잘했다고 승강이하고 있다. 애먼 사람 붙들고 실랑이 벌이지 마라.

O	X
어쭙잖다	어줍잖다
언덕배기	언덕빼기
얽히고설키다	얽히고석히다(얼키고설키다)
연간	년간
연월일	년월일
열심히	열심이
예부터	옛부터
예삿일	예사일
오뚝이	오뚜기
오랜만	오랫만
오랫동안	오래동안
오므리다	오무리다
오순도순	오손도손
옴짝달싹	옴쭉달싹
왠지	웬지
외갓집	외가집
우레	우뢰
우윳빛	우유빛
(한) 움큼	(한) 웅큼
웃돈	윗돈
웬만한	왠만한
웬일	왠일
육개장	육계장
으레	으례(히)
으름장	으름짱
으스대다	으시대다
이점	잇점
이튿날	이튼날
이파리	잎파리
인사말	인삿말
일찍이	일찌기

ㅈ

O	X
자유로워	자유로와
장아찌	짱아치
재떨이[9]	재털이
적합지	적합치
(소금에) 전	절은
조그마하다	조그만하다
조깃국	조기국
조르다	졸르다
죗값	죄값
주꾸미	쭈꾸미
주책없다	주책이다, 주착없다
진돗개	진도개
짝짜꿍	작자꿍, 짝짝궁
짭짤하다	짭잘하다
쩨쩨하다	째째하다
찌개	찌게

ㅊ

O	X
차지다(찰기가 있다)	찰지다
채비[10]	차비
처갓집	처가집
처넣다	쳐넣다
천장	천정
초승달	초생달
초점	촛점

9) **재떨이 :** 개정 한글 맞춤법에 따라 '담뱃재를 털다'와 '담뱃재를 떨다'는 모두 맞는 표현으로 되었다. 그러나 '재떨이'는 '재털이'가 아니라 '재떨이'만을 표준어로 삼고 있다.
10) **채비 :** 어떤 일을 하기 위하여 필요한 물건, 자세 따위를 미리 갖추어 차림

O	X
총각무[11]	알타리무, 달랑무
총부리	총뿌리
치르다	치루다
치맛자락	치마자락

ㅋ

O	X
케케묵다	퀘퀘묵다
켕기다	캥기다

ㅍ

O	X
판때기	판대기
판잣집	판자집
패다('파이다'의 준말)	패이다
(한) 편	(한) 켠
푸르다(푸름)	푸르르다(푸르름)
풋내기	풋나기
풍비박산	풍지박산
필름	필림
핑계	핑게

ㅎ

O	X
-하려고	-할려고
하루만에	하룻만에
하마터면	하마트면

11) **총각무** : '무청째로 김치를 담그는, 뿌리가 잘고 어린 무'를 이르는 말. 총각무는 알타리무, 달랑무 등으로 널리 알려져 있으나 현재는 '총각무' 만을 표준어로 삼고 있다.

O	X
하여튼	하옇든
한편	한켠
해님	햇님
햇병아리	햇평아리
허탕	헛탕
헝클어지다	헝크러지다
헤매다	헤메다, 헤메이다
호두	호도
혼잣말	혼자말
횟집	회집
흘끗, 힐끗	힐낏
흥밋거리	흥미거리

추가 표준어 모음

표준어가 아닌 항목을 표준형으로 인정한 경우

현재 표준어	추가 표준어
–에는	–엘랑
주책없다	주책이다

현재 표준어와 표기 형태가 다른 단어

현재 표준어	추가 표준어
태껸	택견
품세	품새
자장면	짜장면

현재 표준어와 같은 뜻을 가진 단어

현재 표준어	추가 표준어
간질이다	간지럽히다
남우세스럽다	남사스럽다
목물	등물
만날	맨날
묏자리	묫자리
복사뼈	복숭아뼈
세간	세간살이
쌉싸래하다	쌉싸름하다
고운대	토란대
허섭스레기	허접쓰레기

토담	흙담
굽실	굽신
삐치다	삐지다
마을	마실
예쁘다	이쁘다
차지다	찰지다
꺼림칙하다	꺼림직하다
께름칙하다	께름직하다

현재 표준어와 뜻과 어감이 다른 단어

현재 표준어	추가 표준어
–기에	–길래
괴발개발	개발새발
날개	나래
냄새	내음
눈초리	눈꼬리
떨어뜨리다	떨구다
뜰	뜨락
먹을거리	먹거리
메우다	메꾸다
손자	손주
어수룩하다	어리숙하다
연방	연신
횡허케	휭하니
거치적거리다	걸리적거리다

현재 표준어	추가 표준어
끼적거리다	끄적거리다
두루뭉술하다	두리뭉실하다
맨송맨송	맨숭맨숭/맹숭맹숭
바동바동	바둥바둥
새치름하다	새초롬하다
아옹다옹	아웅다웅
야멸치다	야멸차다
오순도순	오손도손
찌뿌듯하다	찌뿌둥하다
치근거리다	추근거리다
거방지다	걸판지다
건울음	겉울음
까다롭다	까탈스럽다
실몽당이	실뭉치

유익한 정보와 다양한 이벤트가 있는 리스컴 SNS 채널로 놀러오세요!

블로그
blog.naver.com/leescomm

인스타그램
instagram.com/leescom

유튜브
www.youtube.com/c/leescom

한눈에 쏙 들어오는 한글 맞춤법

감수 공주영

책임편집 서지은
디자인 이선화
마케팅 김종선 이진목
경영관리 남옥규

인쇄 금강인쇄

초판 인쇄 2022년 8월 24일
초판 발행 2022년 9월 1일

펴낸이 이진희
펴낸곳 (주)리스컴

주소 서울시 강남구 밤고개로 1길 10, 수서현대벤처빌 1427호
전화번호 대표번호 02-540-5192
영업부 02-540-5193
편집부 02-544-5922, 544-5933
FAX 02-540-5194
등록번호 제2-3348

ISBN 979-11-5616-278-0 43700
책값은 뒤표지에 있습니다.